U0508827

近代政治史系列

农民运动史话

A Brief History of Peasant Movement in China

方之光 龚 云／著

社会科学文献出版社
SOCIAL SCIENCES ACADEMIC PRESS (CHINA)

图书在版编目（CIP）数据

农民运动史话/方之光，龚云著.—北京：社会科学
文献出版社，2011.12
（中国史话）
ISBN 978 - 7 - 5097 - 2832 - 1

Ⅰ.①农… Ⅱ.①方… ②龚… Ⅲ.①农民运动 -
史料 - 中国 - 近现代 Ⅳ.①K261.406

中国版本图书馆 CIP 数据核字（2011）第 222330 号

"十二五"国家重点出版规划项目

中国史话·近代政治史系列

农民运动史话

著　　者／方之光　龚　云

出 版 人／谢寿光
出 版 者／社会科学文献出版社
地　　址／北京市西城区北三环中路甲 29 号院 3 号楼华龙大厦
邮政编码／100029

责任部门／人文科学图书事业部（010）59367215
电子信箱／renwen@ ssap. cn
责任编辑／孔　军　宋荣欣
责任校对／陈旭泽
责任印制／岳　阳
总 经 销／社会科学文献出版社发行部
　　　　　（010）59367081　59367089
读者服务／读者服务中心（010）59367028

印　　装／北京画中画印刷有限公司
开　　本／889mm×1194mm　1/32　印张／5.25
版　　次／2011 年 12 月第 1 版　字数／103 千字
印　　次／2011 年 12 月第 1 次印刷
书　　号／ISBN 978 - 7 - 5097 - 2832 - 1
定　　价／15.00 元

本书如有破损、缺页、装订错误，请与本社读者服务中心联系更换

版权所有　翻印必究

《中国史话》
编辑委员会

主　任　陈奎元

副主任　武　寅

委　员　(以姓氏笔画为序)

卜宪群　王　巍　刘庆柱

步　平　张顺洪　张海鹏

陈祖武　陈高华　林甘泉

耿云志　廖学盛

总 序

　　中国是一个有着悠久文化历史的古老国度，从传说中的三皇五帝到中华人民共和国的建立，生活在这片土地上的人们从来都没有停止过探寻、创造的脚步。长沙马王堆出土的轻若烟雾、薄如蝉翼的素纱衣向世人昭示着古人在丝绸纺织、制作方面所达到的高度；敦煌莫高窟近五百个洞窟中的两千多尊彩塑雕像和大量的彩绘壁画又向世人显示了古人在雕塑和绘画方面所取得的成绩；还有青铜器、唐三彩、园林建筑、宫殿建筑，以及书法、诗歌、茶道、中医等物质与非物质文化遗产，它们无不向世人展示了中华五千年文化的灿烂与辉煌，展示了中国这一古老国度的魅力与绚烂。这是一份宝贵的遗产，值得我们每一位炎黄子孙珍视。

　　历史不会永远眷顾任何一个民族或一个国家，当世界进入近代之时，曾经一千多年雄踞世界发展高峰的古老中国，从巅峰跌落。1840 年鸦片战争的炮声打破了清帝国"天朝上国"的迷梦，从此中国沦为被列强宰割的羔羊。一个个不平等条约的签订，不仅使中国大量的白银外流，更使中国的领土一步步被列强侵占，国库亏空，民不聊生。东方古国曾经拥有的辉煌，也随着西方列强坚船利炮的轰击而烟消云散，中国一步步堕入了半殖民地的深渊。不甘屈服的中国人民也由此开始了救国救民、富国图强的抗争之路。从洋务运动到维新变法，从太平天国到辛亥革命，从五四运动到中国共产党领导的新民主主义革命，中国人民屡败屡战，终于认识到了"只有社会主义才能救中国，只有社会主义才能发展中国"这一道理。中国共产党领导中国人民推倒三座大山，建立了新中国，从此饱受屈辱与蹂躏的中国人民站起来了。古老的中国焕发出新的生机与活力，摆脱了任人宰割与欺侮的历史，屹立于世界民族之林。每一位中华儿女应当了解中华民族数千年的文明史，也应当牢记鸦片战争以来一百多年民族屈辱的历史。

当我们步入全球化大潮的 21 世纪，信息技术革命迅猛发展，地区之间的交流壁垒被互联网之类的新兴交流工具所打破，世界的多元性展示在世人面前。世界上任何一个区域都不可避免地存在着两种以上文化的交汇与碰撞，但不可否认的是，近些年来，随着市场经济的大潮，西方文化扑面而来，有些人唯西方为时尚，把民族的传统丢在一边。大批年轻人甚至比西方人还热衷于圣诞节、情人节与洋快餐，对我国各民族的重大节日以及中国历史的基本知识却茫然无知，这是中华民族实现复兴大业中的重大忧患。

中国之所以为中国，中华民族之所以历数千年而不分离，根基就在于五千年来一脉相传的中华文明。如果丢弃了千百年来一脉相承的文化，任凭外来文化随意浸染，很难设想13亿中国人到哪里去寻找民族向心力和凝聚力。在推进社会主义现代化、实现民族复兴的伟大事业中，大力弘扬优秀的中华民族文化和民族精神，弘扬中华文化的爱国主义传统和民族自尊意识，在建设中国特色社会主义的进程中，构建具有中国特色的文化价值体系，光大中华民族的优秀传统文化是一件任重而道远的事业。

当前，我国进入了经济体制深刻变革、社会结构深刻变动、利益格局深刻调整、思想观念深刻变化的新的历史时期。面对新的历史任务和来自各方的新挑战，全党和全国人民都需要学习和把握社会主义核心价值体系，进一步形成全社会共同的理想信念和道德规范，打牢全党全国各族人民团结奋斗的思想道德基础，形成全民族奋发向上的精神力量，这是我们建设社会主义和谐社会的思想保证。中国社会科学院作为国家社会科学研究的机构，有责任为此作出贡献。我们在编写出版《中华文明史话》与《百年中国史话》的基础上，组织院内外各研究领域的专家，融合近年来的最新研究，编辑出版大型历史知识系列丛书——《中国史话》，其目的就在于为广大人民群众尤其是青少年提供一套较为完整、准确地介绍中国历史和传统文化的普及类系列丛书，从而使生活在信息时代的人们尤其是青少年能够了解自己祖先的历史，在东西南北文化的交流中由知己到知彼，善于取人之长补己之短，在中国与世界各国愈来愈深的文化交融中，保持自己的本色与特色，将中华民族自强不息、厚德载物的精神永远发扬下去。

《中国史话》系列丛书首批计 200 种，每种 10 万字左右，主要从政治、经济、文化、军事、哲学、艺术、科技、饮食、服饰、交通、建筑等各个方面介绍了从古至今数千年来中华文明发展和变迁的历史。这些历史不仅展现了中华五千年文化的辉煌，展现了先民的智慧与创造精神，而且展现了中国人民的不屈与抗争精神。我们衷心地希望这套普及历史知识的丛书对广大人民群众进一步了解中华民族的优秀文化传统，增强民族自尊心和自豪感发挥应有的作用，鼓舞广大人民群众特别是新一代的劳动者和建设者在建设中国特色社会主义的道路上不断阔步前进，为我们祖国美好的未来贡献更大的力量。

陈奎元

2011 年 4 月

⊙方之光

作者小传

　　方之光，1933年生，浙江诸暨人，著名太平天国史研究专家。现任南京大学历史系教授、江苏省文史研究馆馆员、太平天国历史博物馆特约研究员。著有《太平天国兴亡史》（合著）、《洪秀全》、《中国近代史讲座》、《太平天国通史》（参与）等，其中《太平天国兴亡史》、《太平天国通史》分别获1985年、1995年江苏省哲学社会科学优秀成果二等奖、一等奖。主编《太平天国史论丛》第一、二辑，《太平天国史新探》，《太平天国史论考》，《太平天国史研究》第一、二辑，《纪念罗尔纲教授文集》，《太平天国史新论》等。联合主编《太平天国史料专辑》、《何桂清书札》、《江浙豫皖太平天国史料选辑》等。发表论文150余篇。

⊙龚 云

作者小传

　　龚云，1971 年生，湖北南漳县人。历史学博士，中国社会科学院马克思主义研究院副研究员，从事中国共产党思想史和社会主义农村发展研究。著有《路线：中国共产党的磨难》、《铁路史话》、《中国近代史研究》（合著）、《中国近代史学科体系形成的评析（20 世纪 30~60 年代初）》等，编有《改革开放 30 年思想史》（副主编）等，发表学术论文近 50 篇。

目 录

一 "百年魔怪舞翩跹，人民五亿不团圆"
——近代农民的悲惨生活与反抗斗争

1840 年鸦片战争后，中国的乡村已处于破产和崩溃的边缘；中国的农民过着朝不保夕的悲惨生活，挣扎在生死存亡线上。"为有牺牲多壮志，敢教日月换新天。"不甘屈服和沉沦的中国农民，为了求得自身解放，掀起了一场又一场波澜壮阔的反抗浪潮，最后在中国共产党的领导下，终于赢得现代农民战争的胜利，翻身得解放，成为土地的主人、命运的主人。

 近代农民的悲惨生活

历史老人跨进 19 世纪大门时，大清帝国已是日薄西山，气息奄奄，中国社会处于极度衰败状态。其突出表现就是由于土地兼并的加剧、地主阶级的残酷剥削、人多地少的严重比例失调，乡村自耕农大量破产，流民不断出现。1839 年，清朝著名思想家龚自珍辞官南归。他看到东南地区农民在苛重的赋税盘剥下，忍

痛杀掉耕牛，抛弃耕地，背井离乡的惨景，满腔悲愤地在诗中写道：

> 不论盐铁不筹河，独倚东南涕泪多。
> 国赋三升民一斗，屠牛那不胜栽禾？

广大农民走投无路，便铤而走险，斩木为兵，揭竿而起，北方的白莲教，南方的天地会，频频举事。这些秘密社会领导的反抗斗争虽遭残酷镇压，但乡村的社会矛盾有增无减。

1840 年的鸦片战争打开了中华帝国紧闭的大门。自此，中国社会开始进入一个畸形发展的阶段——半殖民地半封建社会时期。伴随着半殖民地半封建化程度的加深，中国社会原有的农民阶级和地主阶级之间的矛盾迅速激化，乡村衰败速度急剧加快，中国农民承受着前所未有的多重压迫和剥削。

外国资本主义的压迫和剥削。外国资本主义一方面从政治上残酷奴役广大农民，一方面从经济上剥削中国农民。特别是洋货的输入，加速了中国自然经济的解体，造成大批农民和手工业者经济破产，流离失所。据统计，1840～1894 年，农村纺织户人口减少 6830000 人。正如郑观应在《盛世危言》中所说："女红失业，业治者多事投闲"，"华民生计，皆为所夺矣！"20 世纪 30 年代日本帝国主义全面入侵中国后的直接掠夺和军事压迫，更使中国广大农村陷入绝境，使中国农民面临着严重的生存危机。

封建统治阶级和官僚资本主义的压迫和剥削。近代中国历代统治者的残酷压榨和黑暗腐朽统治，加速了中国乡村的崩溃。晚清王朝自鸦片战争后，历年财政入不敷出，民众的赋税负担日益加重。1894年甲午中日战争和1900年八国联军侵略中国的战争以后，为偿付赔款，捐税大增，人民生活于水深火热之中，"弱者为沟途之饿莩，强者为绿林之豪客"，饥民和游民暴动连年不断。1911年辛亥革命以后，相继上台的北洋军阀和国民党政权，对农民大肆掠夺。自民国成立以来，各种战乱连绵不断，国无宁日，严重破坏乡村社会生产力。名目繁多的苛捐杂税更是压得农民喘不过气来。这些都把衰败的乡村推向破产的深渊。

乡村地主阶级的压迫和剥削。近代中国，随着人口的缓慢增加，农村土地兼并渐趋严重。地主阶级对农民的剥削压迫更加残酷，至清末民初，全国许多地区的土地，半数以上被地主阶级吞并占有。在河南西部就产生了富逾千顷、贫无立锥的贫富悬殊现象。乡村地主阶级肆无忌惮地剥夺分散无力的农民的土地，让农民承受繁重的高额地租剥削和种类繁多的额外剥削，诸如"虚田实征"、"附加租"、"逾限加成"、"送礼"、"献新"、"大斗秤收租"、"办收租酒"等等，举不胜举。除此以外，地主的"阎王债"般的高利贷和不等价的商品交换更是架在农民头上的两把刀子。面对地主阶级的欺压，农民却控告无门，叫天天不应，呼地地不灵，处境极其悲惨。

国内资本主义的压迫和剥削。近代中国资本主义虽是一种进步的制度，但对于农民，无论是城市商人，抑或是工业资本家，都以不等价的交换方式进行剥削，并加速了乡村自然经济的解体和农民的破产。

近代中国农民除了承受以上种种压迫和剥削以外，还得承受频频发生的自然灾害的严重打击。在近代乡村，因水、旱、蝗等自然灾害的打击而造成的"悉成泽国"、"赤地千里"、"哀鸿遍野"、"饿殍载道"的悲惨景象到处可见。

在天灾人祸、内外忧患接踵而至的险恶环境中，近代中国乡村满目疮痍，亿万农民陷于生活绝境，处于极度赤贫化状态，过着牛马不如的惨痛生活。

太平天国运动前夕，一方面，旧时有田产的人，很多沦为佃耕的农户，每年的收入，难以保证一年的口粮。"佃户分租无多，而田主盘剥日甚，以致富者益富，贫者益贫"。另一方面，贪官污吏于正供之外，任意勒折浮收，以致民力告匮，民欠日多。州县征收漕粮，竟有应交一石，浮收至两石之多，并有运米不收，勒折交银，以致民怨沸腾，激成事变。

义和团运动前夕，华北地区持续的洪涝灾害导致了大饥荒出现。目击者的报道说："孩子们不是被卖掉就是被丢弃"，一切可用来果腹的东西都吃掉了，"榆树皮被扒光，低矮处的柳叶被采下，甚至毛虫和蜗牛也被抓来吃掉"。

北洋军阀统治时期，农民处境丝毫不见好转。20世纪 20 年代一首诗形象地描述了农民的悲惨遭遇：

收租老相公，

清早开船到村中。

舟子远远呼阿龙，

阿龙出来迎相公。

说道：

　　"今载年岁凶，

　　大旱以后遭蝗虫。

　　无谷可收无米舂，

　　全村一样同。

　　他家没有隔宿粮，

　　我家米桶如洗空。

　　可怜堂上白头翁，

　　单衣难过冬。

　　膝下小儿女，

　　日不得一饱。

　　山尽水又穷，

　　无可供。

　　恳求老相公，

　　准予欠到来年冬！"

相公听罢大发怒，

两眼睁睁骂阿龙：

　　"谁管得尔穷？

　　种田须还租，

　　欠租理怎通！"

阿龙再三求相公，

相公咆哮肆威风，

5

批颊阿龙面通红。

儿女狂相叫，

妻子认隐痛，

老翁相扶到室中。

邻舍老少都来劝，

相公愈而不可通：

挥使舟子与仆从，

捉将阿龙到官中。

民贼当道那有幸：

阿龙坐狱里，

老父妻孥哭家中。

此冤向谁诉？

流水与东风！

　　国民党统治时期，广大农民仍一贫如洗，挣扎在生死线上。1934年1月8日《大公报》的一段材料详尽地描述了农民日常生活状况：

　　鲁西一带的农户大都居住在阳光不足、潮湿狭隘的茅草屋里，窗户很少，屋内装饰非常简单。更为贫穷者，一间茅屋则具多种用途，炉灶锅碗均挤在茅屋一隅，煮饭时黑烟蒙蒙，恰如浓雾弥漫，甚至人的面孔也难以辨别。乡村使用的燃料，大体为树叶、高粱秆、麦秸、豆茎之类……其食物也非常简单，每年只有极少机会吃肉，以粗茶淡饭为主。只有新麦打下之后，才吃几顿面条和菜蔬。自家所产菜蔬，并不全部食用，还担去城镇换些粮食以维持生活。城里平常使用的油盐酱醋等调味品，在乡间视为贵重品。若吃香油时，则用棍穿过制钱孔从罐中取油，滴到菜里调味。平常吃饭时，水里煮些大蒜、辣椒、大葱，就是一顿。除了喜庆丧葬或新年以外，很少见到荤腥，老人也不例外。平时饮料即是将竹叶或槐叶放入滚水中，加些颜色，到农忙时，便顾不上卫生了……衣服都是自家手织土布，多为黑、蓝颜色。

以上便是近代农民生活的真实写照。正常年景就如此，一遇灾年，农民不是因饥饿铤而走险，落草为寇，便是背井离乡，四处乞讨，死亡相继。

 ## ② 近代农民的反抗斗争

面对悲惨的生活处境，素有反抗传统的中国农民，为生存所迫，掀起了一浪又一浪的反抗斗争，最后由旧式农民造反发展为席卷全国的现代农民运动。

早在18世纪末和19世纪初，农民起义就异常活跃，只不过那时地方局限性较大，斗争的矛头尚未直接指向封建王朝。鸦片战争后，原有的社会矛盾迅速激化，天朝上国万世长存的迷信受到致命打击，农民暴动屡屡发生。据官书《清实录》记载，1843～1850年间，大小不等的农民起义不下70多起。这些风起云涌的农民起义，最后促成了在洪秀全领导下横扫南方数省，斗争矛头直指清王朝的轰轰烈烈的太平天国运动。太平天国的兴起，激发了全国各地各族人民的反清起义：在东南各省汉族居住区，主要有天地会各支派的起义；在西南多民族杂居地区，主要有贵州苗民及号军起义、云南回民起义和川滇边李永和、蓝大顺起义；在西北地区，则有陕甘回民起义。

太平天国失败后，所谓的"同治中兴"也只不过是封建王朝垂死前的回光返照而已。随着帝国主义势力由南向北扩展，由沿海向内地侵入，由城市向乡村渗透，民族矛盾日益加剧，成为中国社会的主要矛盾。由于帝国主义的侵略，广大农民的生存处境受到前所未有的严重挑战。尤其到19世纪后期，帝国主义在中国大修铁路，意味着中国小农经济和家庭手工业者的整个基础遭到破坏。由于铁路的修筑，占去大量粮田，破坏了许多房屋，导致农民无家可归，被迫背井离乡；洋货的倾销，加速了农民和小手工业者的破产；原有的内河航线被废弃，造成大批运输工人的失业。由于西方的宗教侵略深入到中国的穷乡僻壤，影响农民生活更为直接，因此农民自发的反侵略活动，主要表现为19世纪60年代后在地方士绅和秘密社会领导下的接连不断的反洋教运动。据统计，19世纪中期以后，仅大规模的有影响的教案就达30多起，一浪盖过一浪的反洋教浪潮，最终在19世纪末20世纪初汇合成席卷华北的群众性的反帝爱国运动——义和团运动。

义和团的失败，导致中国进一步陷入半殖民地社会的深渊，清政府完全沦为"洋人的朝廷"。巨额的战争赔款也主要转嫁到亿万农民头上，从而加速了农民的破产。义和团失败后的农民斗争主要表现为接连不断的抗捐抗税运动。在此过程中，以破产农民为主体的下层游民的互助团体——秘密会党不仅参与了各地民变，而且与新军一道在资产阶级革命派的领导下推翻了几千年的封建王朝统治。王朝统治被推翻了，但代之而起的是封建军阀统治，广大乡村的面貌一如既往，而且由于社会的急剧动荡，军阀的黑暗统治和穷兵黩武，农民处境越发艰难。大量的败兵游勇和频繁的自然灾害，使得民国初年的土匪极其活跃，从而爆发了一场"梁山好汉"式的农民造反——白朗起义，在中州大地上演了最后一幕"劫富济贫"式的中世纪农民造反的悲剧。

白朗起义失败后，一方面，连年军阀内战，给乡村社会造成极大破坏；另一方面，资产阶级民主革命力量不断增强，其影响开始由城市向乡村扩展，尤其在沿海、沿江受西方冲击的广大农村，影响越来越大，这就为农民运动实现由旧式农民造反向现代农民运动的转型提供了社会条件，因此在 20 世纪 20 年代首先在南方农村兴起了现代农民运动。

"一唱雄鸡天下白"。1921 年中国共产党的成立，是中国历史上一件开天辟地的大事。中国共产党早期党员沈玄庐在浙江萧山揭开了现代农民运动的序幕。随后彭湃、毛泽东分别在广东、湖南借国共第一次合作所造就的大好形势，领导了轰轰烈烈的大革命时期的农民运动。大革命失败以后，中国共产党的工作重心由城市向乡村转移，经过艰难探索，找到了一条"农村包围城市，武装夺取全国政权"的革命道路。在这条道路指引下，中国共产党直接领导和发动了土地革命、减租减息运动和土地改革运动，领导亿万农民推翻了国民党的腐败统治，使广大农民实现了"翻身解放，当家做主"的愿望，成为土地的主人和社会的主人。

纵观一百多年来中国农民如火如荼的反抗斗争，可以看出如下特点。

其一，近代中国农民的反抗斗争次数多、规模大，呈现一定周期性。鸦片战争后不久就爆发了席卷东南半壁江山的太平天国运动；仅过三十余年，又爆发了惊天动地的义和团运动；再过二十多年，又兴起了轰轰烈烈的农民运动和农民革命。以上还是仅仅就全国性的农民运动而言，如果包括地方性农民运动，那么农民斗争是一浪盖一浪，一波连一波。

其二，近代中国农民反抗斗争的锋芒直指帝国主义和封建主义，政治性特别突出。在近代初期，主要是反对封建王朝统治，太平天国的直接打击对象是腐朽的清王朝。随着帝国主义侵略的加深和民族危机的加剧，反对帝国主义成为主要斗争目标，故而义和团运动竖起了"灭洋"的大旗。20世纪早期开始的现代农民运动在中国共产党的领导下，则将反帝反封建斗争并举，对中国社会进行了整体性的变革。

其三，近代中国农民运动受外来势力的冲击和民主革命势力的影响较大，经历了一个由自发到自觉的艰难历程。太平天国和义和团运动先后在华南和华北爆发，与帝国主义势力由南方向北方扩展直接相关。20世纪20年代的农民运动主要在民主革命领导力量影响较深的南方兴起。以后随着中国共产党由南向北战略转移，日本侵略者自北方向南方全面入侵中国，农民的反抗斗争在北方尤为活跃。中国近代农民运动由旧式的农民造反向新式农民运动的转变经过了大半个世纪，而且还是在中国共产党成立以后才实现了由自发到自觉的转变。

 8 近代农民运动的两个阶段

由于近代中国社会是一个新旧交替的社会，处于由传统农业社会向现代工业社会的艰难转型时期。这就决定了近代农民运动不仅呈现出以上新的外观，而且具有明显的阶段性。近代农民运动以中国共产党的成立为标志，可以分为前后两个阶段：旧式农民造反和新式农民运动。这两个阶段有其相似之处，又有质的区别，显示了近代农民运动由低级到高级的发展轨迹。

近代农民运动发生的整个大背景是半殖民地半封建社会的近代中国。这一历史大环境决定了旧式农民造反和新式农民运动的相似之处：发生的最深刻的根源都是日益激化的社会矛盾，或是中华民族与帝国主义的矛盾，或是封建地主阶级和农民阶级的矛盾，触发了农民运动；打击的对象主要是帝国主义势力和封建主义势力；都是亿万农民为了求得自身解放所作的艰难努力，为中华民族独立和中国社会进步起到了一定的积极作用。

旧式农民造反和新式农民运动发生的具体历史背

景又有着很大区别。

旧式农民造反主要发生于19世纪中后期和20世纪初。这一时期，虽然由于帝国主义的入侵，中国社会逐步沦为半殖民地和半封建社会，但先进的生产力、生产关系和先进阶级、先进思想都尚处于萌生阶段，并且限于少数几个近代化城市，还不足以对全社会，尤其是广大乡村发生明显影响。乡村自然经济虽开始解体，但旧的虽已破坏，新的却始终无法生根立足。这一时期的农民运动虽较古代农民起义有所不同，具有某些近代特有的内容和形式，但与传统的农民斗争并无本质区别，仍是"官逼民反"式的基于生存危机的自发的反抗，无法对传统社会进行根本变革。由于缺乏先进文明的辐射，还停留在旧式农民造反的基本框架内。

新式农民运动发生于新的历史时期。此时，中国的现代工业生产已经有了一定的规模，资本主义生产关系不仅在城市占主导地位，并且开始渗透到乡村；近代城市作为中国近代历史的先导，开始带动乡村向近代方向变革；在中国开始出现了代表着新的生产力的工人阶级，有了一支数百万人的产业工人队伍，并产生了以马克思主义为指导的工人阶级政党——中国共产党。随着现代传媒的发展，近代工业文明开始影响和塑造乡村。尤为重要的是，中国共产党一成立，就以在乡村发动农民运动为己任，给落后愚昧的乡村注入了崭新的活力。中国共产党不仅通过解决土地问题将广大农民动员、组织和武装起来，而且注意用现代文明去改造农民，将现代政治文化传送到乡村，使农民的反抗斗争由旧式自发的农民造反，发展成为在中国共产党领导下的反对帝国主义和封建主义，并对中国传统社会实现根本变革，以现代社会为指向的新式农民运动，使农民运动由自在的阶段发展到自为的阶段。

旧式农民造反和新式农民运动的不同历史背景决定了二者的主要区别在于：领导力量的不同。前期的农民造反基本为农民和农民知识分子所领导，他们的思想仍停留在传统架构内，其斗争的指向是回归传统的。太平天国从西方借来的理想天国只是传统均平理想的再现；义和团以传统文化为手段反对帝国主义，以回归旧有的自然经济为指向，同时盲目狭隘的排外主义和皇权主义意识笼罩整个运动。由于没有先进阶级的领导，没有先进思想的指引，没有经受现代商品经济和现代政治文明的洗礼，旧式农民造反无法超越历史和阶级的局限性，这也是他们屡遭败绩的内在原因。

新式农民运动是由现代社会的产物——中国共产党领导的。中国共产党的指导思想是马克思主义，马克思主义是使受压迫人民获得解放的精神武器，因而能够获得中国社会受苦最重的广大农民的心理认同；同时它作为文明时代所产生的先进意识形态，又超越了传统农业文明的局限，能够为乡村社会注入新的活力。中国共产党的阶级基础是现代产业工人阶级，他们代表着一种先进的生产方式——社会化大生产，同时又与中国农民有着天然的血肉联系，能够领导农民摆脱小生产者的狭隘视野，踏上新的社会变革征程。中国共产党领导的新式农民运动既能充分反映和表达广大农民的政治诉求，又能超越农民自身的局限，将农民斗争升华到一个崭新的高度，即革命不仅仅是打击和破坏一个旧世界，更重要的是改变旧的生产关系和政治制度，建立一个新世界。只有这样才能从根本上解决中国乡村问题，使古老而衰败的乡村获得新的生机，成为中国近代社会变革的基础，使广大农民真正发挥中国近代变革的主力军作用。

旧式农民造反和新式农民运动在具体的政治活动形式方面也存在着区别。

旧式农民造反具有相当程度的自发性。太平天国虽经较长时间宣传、动员和发动，但仍基本是一方起事，八方响应；义和团的自发性更为突出，它始终未形成一个统一的领导核心和健全的组织系统，这在一定程度上导致了义和团为清王朝所控制；白朗起义更是"逼上梁山"式的农民自发斗争。新式农民运动具有相当程度的自觉性。中国共产党是一个有明确指导思想的全国性政党，她使农民运动具有统一的领导核心和组织系统，能够形成强大而持久的革命力量。中国共产党的先进分子自觉地深入乡村发动革命，是选择了革命道路的结果。农民运动兴起后，中国共产党及时给予指导，并通过宣传、教育和组织，唤起农民自觉的阶级主体意识，使农民运动被纳入中国共产党领导的新民主主义革命中。

近代前期的旧式农民造反主要依靠宗教迷信和秘密结社进行组织和发动，这是因为当时乡村尚处于清王朝的统一控制下，而 20 世纪 20 年代以后，由于国家对乡村的控制无力，乡村间的联系较为紧密，农民运动的领导力量又是以先进思想为指导的政党，故而新式农民运动是由先进的公开的政治团体发动和组织的。由于中国共产党的领导，在打击和推翻封建势力的过程中，农民建立了自己的政治团体——农民协会，成为农民运动的直接领导者和组织者。农民协会是农民运动的一种崭新的组织形式，它不仅有先进的思想作指导，还具有斗争纲领、正确的政策和策略以及组织原则，是农民群众在"与田主地主立于对抗地位"的斗争中一种阶级的革命的联合。

近代前期的旧式农民造反主要是打击压迫和剥削势力，震撼旧的统治秩序，局限于攻城略地，未能立足于乡村，建立稳固的根据地，如太平军实际上始终被围困在城市里，而他们的敌人，即儒家的上层士绅则仍控制着农村，并最终动员了农村的力量来反对他们。新式农民运动走的是"农村包围城市，武装夺取全国政权"的道路，是为了变革旧有的社会制度，建立新的社会关系和社会秩序，斗争立足于最基层的乡村，进行土地革命和建立革命政权，以武力创建和巩固根据地，不断扩大革命成果，最后取得农村对城市的胜利，赢得亿万农民翻身解放。

"天若有情天亦老，人间正道是沧桑。"亿万农民为了求得自身的解放，在近代中国一个多世纪中，进行了可歌可泣的艰苦奋斗。为了争取中华民族的独立和中国社会的发展，作为中国社会的主体，他们以自己的方式，在近代中国的历史画卷中，书写了浓墨重彩的一笔，充分昭示了他们是中国近代社会变革的主力军。

二 "凡天下田，天下人同耕"
——太平天国运动

 官禄埔的穷书生

太平天国农民运动的熊熊烈火是由来自广东花县的两个穷书生点燃的。这两个农民家庭出身的小知识分子是洪秀全和冯云山。

洪秀全（1814～1864），原名火秀，谱名仁坤，清嘉庆十八年十二月初十（1814年1月1日）出生在广东花县西北福源水村的一个农民家庭。由于家中人多田少，难以维持，遂举家迁至县城西南官禄埔村定居。随着哥哥姐姐相继成年，家境渐好。7岁时，洪秀全入私塾读书，接受传统的封建教育，五六年间，即能熟读四书、五经及古文多篇。其后更自读中国历史上的奇异书籍，均能一目了然。16岁时，由于家庭生活困难，不得不辍学，在家务农，或到山野放牛，三年后被聘为本村塾师。1829年，洪秀全赴广州应试，走上了科举之路。此后他于1836、1837、1843年先后应试三次，结果都是名落孙山，抱憾而归。出身普通农民家庭，而又经历了种种艰辛的洪秀全能够体会到下层人民的现实处境，以及他们的愿望和要求。在和族弟洪仁玕议论时势时，洪秀全慷慨激昂，"独恨中国无人，尽为鞑妖奴隶所惑"。他说："每年化中国之金银几千万为烟土，收华民之脂膏数百万为花粉。一年如是，年年如是，至今二百年，中国之民富者安得不贫？贫者安能守法？"讲到这里，洪秀全感慨万分，"拍案三叹"。人民的贫苦，自己命运的多舛，使洪秀全深感这个奸邪横行的世界的不公道。他决心丢掉科举功名的幻想，"不考清朝试，不穿清朝服，让自己来开科取士吧！"洪秀全决心"斩邪留正"，做"解民悬"的救世主，在中华大地上构筑一个"太平一统"的理想天国，改变现实人间的"富者田连阡陌，贫者无立锥之地"的不公平状态，为他自己和他所属的那个阶级开辟一条通向公平正直社会的大道。

1843 年，洪秀全重读了六年前去广州应试时所得到的一本基督教传道书《劝世良言》，该书宣扬上天只有一位真神，那就是"上帝耶和华"。洪秀全读罢茅塞顿开。他决定将这位西方上帝搬到中国，来"斩邪留正"，横扫人间一切妖魔鬼怪。为此，洪秀全根据现实需要，按照中国传统的宗教迷信仪礼，对上帝祈祷，许愿不拜邪神，不行恶事，恪守天条，并灌水于自己头顶，自言"洗除罪恶，去旧从新"，还自己撰写悔改诗，表示"惟崇上帝力心田⋯⋯及早回头归正果"。这样，洪秀全创立了拜上帝教，不久又感化他的族弟洪仁玕和表弟冯云山入教。

冯云山（1815～1852），广东花县禾落地村人，出身于农家，平日耕种为生。与洪秀全一样，冯云山在农村接受一般的儒学教育，也一度热衷仕途，但屡试不中。他是一个冷静求实，富有智慧和干劲的农村知识分子，一面以塾师养家糊口，一面阅读天文、地理、兵法、典章制度、历算等书，多方面增长才干。他和洪秀全是表亲，年岁相近，心志相通，过从甚密。冯云山对这位表兄十分尊重敬慕，洪秀全也极其信赖倚任冯。冯云山成为洪秀全开创太平天国基业的主要助手。

在创立拜上帝教的第二年即1844年，为了树立拜上帝教的权威，洪秀全把自己家中所供奉的偶像牌位毁掉，又与表弟冯云山打掉村塾中供奉的孔丘牌位，在中国近代史上首先拉开了"打倒孔家店"的帷幕。这种激进的行为遭到本村父老的反对与抵制，他们在家乡无法立足，于是一道逆西江而上，前往广西传教。他们一路上热情宣传拜上帝教，要人们敬拜上帝。1844年7月下旬，他们到达广西贵县赐谷村，在这里宣传拜上帝教，信教受洗礼的达100多人。不久冯云山前往广西紫荆山传教，洪秀全回到故乡花县，从事拜上帝教的理论创作，进行精神武器的锻造工作。洪秀全先后写了《原道救世歌》、《原道醒世训》、《原道觉世训》等拜上帝教教义著作。在《原道救世歌》中，洪秀全提出"开辟真神惟上帝，无分贵贱拜宜虔"的观点，宣扬天父上帝为古今中外共同的独一真神，人人都得敬上帝，并告诫人们"勿拜邪神，须作正人"，具体提出"正道"的典范和反对"不正"的若干要求，即反对淫、忤父母、行杀害、为盗贼、为巫觋、为赌博以及吸洋烟、饮酒、堪舆、相命等等。在这部著作里，洪秀全向世人提出了在未来的"天下一家，共享太平"的和谐社会中，在宗教信仰和道德修养方面的具体要求。在《原道醒世训》中，洪秀全着重谴责了"世道乖漓，人心浇薄，所爱所憎，一出于私"的社会弊端，批判了国与国之间，省、府、县、乡、里，乃至种族之间"相陵相夺相斗相杀"的丑恶现象，明确提出："天下多男人，尽是兄弟之辈；天下多女子，尽是姊妹之群"，不应存"此疆彼界之私"，不应起"尔吞我并之念"；热情歌颂了唐虞三代之世，"天下有无相恤，患难相救，夜不闭户，道不拾遗，男女别途，举选尚德"的"天下为公"的大同理想社会；号召天下凡间的兄弟姊妹，"跳出邪魔之鬼门，循行上帝之真道"，"相与作中流之砥柱，相与挽已倒之狂澜"，如此，则可"天下一家，共享太平"。这是洪秀全所提出的改造社会的理想方案。在这里，洪秀全在引用《礼运篇》"天下为公"的现成词句时，有意回避了三代之世已进入"天下为家"的"小康"时代的提法，这就为他日后按《周礼》等传说中的三代古制创建太平天国埋下了伏笔。在《原道觉世训》中，洪秀全第一次明确提出上帝的对立面，即各种妖魔邪神的总代表"阎罗妖"，并指斥历代帝王。他说："皇上帝乃是帝也。虽世间之主称王足矣，岂容一毫僭越于其间哉？……耶稣尚不得称帝，他是何人，敢膪称帝者乎？只见其妄自尊大，自干永远地狱之灾也。"这样，洪秀全将斗争的锋芒直指清朝最高统治者，对封建统治的权威性和合法性提出了挑战，为人民起来反抗提供了合理依据。洪秀全通过对基督教进行一番重大的加工与改造，汲取其有益于发动革命的合理内核，并把农民平等平均思想及儒学里的大同社会构想、封建伦理纲常，以及中国民间的传统祭祀形式，大量注入有选择的基督教教义之中，使拜上帝教成为动员广大农民起来反抗清王朝的精神武器。

 ## 紫荆山中拜上帝

在洪秀全为太平天国这场农民运动锻造精神武器的同时，冯云山"历山河之险阻"，"尝风云之艰难"，来到广西桂平县紫荆山区，宣传拜上帝教，开辟了紫荆山根据地。

紫荆山区位于广西桂平县西北端，纵横数十里，群山环抱，地僻而险，杂居着汉、壮、瑶等族的贫苦农民。这里人烟稀少，物产不丰，商品经济极不发达，封建文化教育也非常欠缺，文盲充斥，巫术流行，山民们终年劳作，艰苦淳朴，渴望温饱型的小农经济生活，因此易于接受平均平等思想的宣传。同时，因为文化落后，人们普遍迷信，崇拜神灵。冯云山选择这个地方，经过艰苦的革命活动，使之成为太平天国运动的发祥地。

冯云山初到紫荆山，身无分文。他心怀大志，脱下长衫，以普通劳动者的身份，出现在农民、烧炭工之中，当雇工，做零活，甚至拾粪采樵，历尽艰辛，与劳动群众结下深厚情谊，备受他们信任与爱戴。冯云山向他们宣传拜上帝教，播下了革命火种，发现和培养出杨秀清、萧朝贵等山区农民首领，建立了第一个拜上帝活动中心。冯云山在宣传拜上帝教的过程中，把一些浅显的拜上帝教知识传给农民，这样也适合于农民那本来就很实用粗糙的口味。据后来在紫荆山入教的李进富称："拜了上帝可消灾难，登天堂。"李秀成也说："拜上帝者，无灾无难；不拜上帝者，蛇虎伤人。敬上帝者，不得拜别神，拜别神者有罪。故世人拜过上帝之后，俱不敢拜别神。"这也反映了广大农民对拜上帝的理解。无知无识的农民往往以实用的态度来理解宗教。他们之所以信仰拜上帝教，是因为信仰上帝可以使他们躲避灾祸，可以使他们过好日子。对于许多在与本地人抗争中处于弱势的客家人来说，加入拜上帝教是因为拜上帝教能够提供有效的保护，"为逃避他们的敌人和取得生活必需品，他们甘愿顺从任何形式的膜拜"。后来在拜上帝教的壮大过程中，许多人"因食而随"，因此拜上帝教的信徒多为"农夫之家"、"苦寒之家"。

在向农民宣传拜上帝教的同时，冯云山注意用宗教纪律把信徒团结在一起。后来，冯云山又以学识广博被大冲村地主推荐就任塾师，以教书为掩护，周旋于一些地主、富户与农村知识分子之间。他谦虚厚重，谈吐不凡，把拜上帝教与儒家经典熔于一炉，便于向有钱人宣传。冯云山并没有提出平均平等主张，而是加强劝善宣传，富户们一般对拜上帝教采取容忍与中立态度，大大减少了传教阻力。

由于冯云山善于适应客观斗争环境，在群众思想觉悟的范围内做艰苦细致的宣传组织工作，而且敏锐灵活，应变能力较强，既争取富户的中立，又深深取信于农民群众，因此"紫荆山拜上帝之教徒未几即逾二千之多，其数且增"。太平天国第一个革命基地终于粗具规模。

1847年8月，洪秀全带着他的几篇理论著作来到紫荆山区，看到拜上帝教已有二三千教徒，喜出望外。他和冯云山将抄写的拜上帝教小册子各处散发，向信徒灌输三篇"原道"的主要观点，并制定"十款天条"等宗教仪式和纪律，规定拜上帝教广大信徒的生活准则，以巩固拜上帝教。为了提高拜上帝教的权威，树立上帝的"惟一真神"地位，洪、冯二人又积极领导教众开展破除偶像、捣毁神庙的斗争。

拜上帝教的迅速传播，引起了地方地主士绅的恐惧和仇视。1848年1月，紫荆山地主王作新勾结官府逮捕了冯云山，使紫荆山区教众张皇不安。杨朝清与萧朝贵乘机亲自出马，先后声称天父上帝、天兄基督附身，以稳定众心，并乘机扩展权力。杨、萧二人原是山民首领，又精通巫术，现在他们把这种在紫荆山区盛行的巫术纳入拜上帝教，立即在信徒中产生了巨大的精神控制力，稳定了众心，使拜上帝教度过了暂时的艰难岁月。

经过较长时间的酝酿，拜上帝教声势越来越大，同时也形成一个强有力的领导核心，除洪秀全、冯云山外，还有杨秀清、萧朝贵、韦昌辉、石达开等人。

1850年，拜上帝教的信徒已达数万之众。此时，天地会起义在广西各地风起云涌，几乎无地无之，无时无之，打乱了广西地方当局的阵脚，形成了极为有利的革命形势。面对这种"山雨欲来风满楼"之势，洪秀全、杨秀清等人领导数万拜上帝教教众，于1851年1月在金田村举行起义。尽管这次起义发生在南方的边远山区，但它以坚强的组织、严明的纪律和执著的信仰脱颖而出，很快显示出强大的生机。金田起义犹如一份宣言书，庄严宣告：鸦片战争后连绵不断的起义，开始汇合成一场强大的革命，太平天国，正是这一革命运动的中心所在。

凯歌下金陵

金田起义后，拜上帝教教众按照军事编制，建立了农民武装——太平军。

起义后，洪秀全严肃军纪，要求太平军遵守命令；爱护老百姓，秋毫莫犯；别男行女行；公心和傩（睦），各遵头目约束；同心合力，不得临阵退缩。太平军的这些军纪，特别是"秋毫莫犯"、"别男行女行"，体现了农民军队的本色——保护和平居民的财产与人身安全，特别是严禁奸淫与侮辱妇女，成为太平军始终不渝坚持遵守的纪律。这些爱民纪律使太平军不仅与清军的扰民、害民行径形成鲜明对比，而且使太平军严格区别于天地会军。广西劳动群众热烈拥护太平军，仇恨清军，这是太平军得以生存和发展的重要条件。五条军纪条文简明，切合时势，颁布及时，其与"十款天条"相结合，从军事和宗教、道德教育和强制纪律两个方面约束将士，把分散的农民组成一支有信仰、有道德、守纪律的武装部队，凝聚成强大的战斗力。这样，初兴的太平军的素质大大超过了天地会军。严明的军纪是太平军克敌制胜的重要保证。

为了在物质上适应战争，洪秀全等决定在全军实施圣库制度。《太平天国起义记》记载金田起义前"秀全即通告各县之拜上帝会教徒集中于一处。前此各教徒已感觉有联合一体共御公敌之必要。彼等已将田产屋宇变卖，易为现金，而将一切所有缴纳于公库，全体衣食俱由公款开支，一律平均。因为有此均产制度，人数愈为加增，而人人亦准备随时弃家集合"。圣库制度是自下而上由各基地信徒自发创造的生活物资供给制度。各基地信徒贱售产业，打造军械，携带钱粮，至金田缴入总圣库，统一平均分配。太平军对这一制度执行得非常严格。1851 年 10 月 1 日，洪秀全发布诏令，"继自今，其会众兵将，凡一切杀妖取城所得金宝绸帛宝物等项，不得私藏，尽缴归天朝圣库，逆者议罪"。1852 年 9 月 13 日，洪秀全又对进攻长沙的部队重申："通军大小兵将，自今不得再私藏带金宝，尽缴归天朝圣库。倘再私藏私带，一经察出，斩首示众。"到金陵（今南京）后，洪秀全更是将这一战时军事共产主义制度作为改造社会的手段来实践。这一制度，在一定程度上体现了太平军官兵在经济上的平等，消灭了将士内部的贫富差别，保证了有计划地消耗有限的军资后备，有利于坚持长期战争，而且大大减少了部队抢劫、掳掠与聚敛私财等不法行为，维护和强化了军纪。更重要的是，圣库制度使饥寒交迫的农民找到了一条生存和温饱之路，具有很大的吸引力。圣库制度所带来的公有和互助吸引了无数贫苦无告的农民，尤其是那些失去生产和生活资料为谋生脱离了乡土和宗族庇护的游民，他们作为社会中最无助和最怨愤的部分，也是社会中最易于被均平和互助粘连起来的部分。对他们来说，天朝圣库制度正是能够直接沐浴到的圣水，是他们朝思暮想的理想社会制度。拜上帝教的人间小天堂作为一种中国化的东西，极大地召唤了无数贫苦劳动者投入到这场在"天国"的形式下改朝换代的农民运动中。李秀成就是因为"西王在我家近村居住，传令凡拜上帝之人不必畏逃，同家食饭，何必逃乎？我家寒苦，有食不逃"。而投奔起义军的"俱是农夫之家，寒苦之家，积多结成聚众……各实因食而随"。

金田起义后，罗大纲、苏三娘等率领的各地天地会起义军闻风响应，太平军声势更加强大。1851 年 9 月 25 日攻克了第一座州城——永安城。太平天国在永安设置官制，分封诸王，初步具备了立国的规模。在"开创新朝"这一鼓舞人心的目标召唤下，太平军所向披靡，于 1852 年 2 月成功地突破了永安重围。此后，逼桂林，克全州，跨过广西，进入湖南。在北上途中，太平军发表了《奉天诛妖救世安民谕》、《奉天讨胡檄布四方谕》、《救一切天生天养人民谕》三篇著名文告，传檄天下。这三篇檄文，迅速在社会上掀起巨大的反清狂飙，沿途群众踊跃加入太平军。湖南天地会起义群众、数万挖煤工人参加太平军。太平军把数千挖煤工人编成专事挖地道、设地雷攻城的"土营"。太平军久攻长沙不下之后，主动撤围，长驱北进，12 月轻取益阳，随即不战而下岳州，获取大批军火、船只。数千船民、纤民积极加入起义队伍，组成"水营"，自此太平军有了一支庞大的水师，大大增强了向长江中下游进军的能力。

革命的熊熊烈火迅速燃烧到了湖北。太平军水陆并进，于 1853 年 1 月攻占了第一个省城——武昌，这有力地扩大了太平军的影响，震撼了清王朝。

1853 年 2 月，太平军浩浩荡荡，沿江东下，一路势如破竹，连克九江、安庆、芜湖。3 月 19 日，攻占金陵，旋改名天京，定为都城，正式建立了与清王朝相对峙的新政权。

天京政权的建立是广大农民积极支持的结果。《向荣奏稿》称：太平军于咸丰"二年十二月十一日到黄州府及武昌县滋扰……地方文武早经避开，该逆到后，百姓纷纷迎入……"。《粤氛纪事诗》说："贼由九江东下，皖省各处，纷传伪诏，官府告示，只用短条，不用咸丰年号，称贼为西骑，甚至绅士胁其令长预造烟户册，欲俟贼至郊迎三十里，跪而投册纳印者，有门首粘一黄纸'顺'字者，有箕敛银钱粮米食物馈送者。"《咸同广陵史稿》则进一步指出："犒贼之举，自黄州以下皆然……"金田起义前，粤、湘、桂三省此起彼伏的天地会起义，是太平天国运动的前驱；金田起义后，尤其是永安突围以后，太平军及太平天国政权的存在，又成为鼓舞天地会党人起义的榜样。各地天地会群起响应，形成浩大声势，整个东南半壁几乎燃遍了反清斗争的烽火。

《天朝田亩制度》的
理想和实践

太平天国定都天京后，便提出了较完整的改造社会的方案。《天朝田亩制度》较为集中地体现了农民英雄们改造中国社会的设想。

早在创立拜上帝教之初，洪秀全就激烈抨击了陵夺斗杀、人欲横流的社会现象，并认为社会弊端所在是一"私"字。为此，他提出了"天下一家"理论，憧憬建立一个类似唐虞三代的大同社会。

起义初期，洪秀全便许下"小天堂"的诺言，并在军队中推行一切私财归公、平均分配消费品的圣库制度。

定都天京不久，在 1853 年三四月间，太平天国领导人依据"人无私财"、"天下一家，共享太平"的原则，制定了废除私财与私营工商业的《百姓条例》，并毫不犹豫地立即把军队中实行已久的圣库制度、男营女馆制度等在天京城内全面推行。《百姓条例》宣称：
"不要钱漕，但百姓之田，皆系天王之田，全行归于天
王收去，每月大口给米一担，小口减半，以作养生之
资。店铺买卖本利，皆系天王之本利，不许百姓使用，
总归天王。所有少妇闺女俱备天王选用……"《百姓条
例》是太平天国在建都后所设计的第一幅"天下大家
处处平均，人人饱暖"的美好画图。它否定了地主和
小农土地所有制，否定了私营工商业，勾勒了一幅全
部生产资料归公，由国家保证生活资料分配的新制度
的蓝图。一方面，它提出了"每月大口给米一担，小
口减半，以作养生之资"的过高分配标准，显示了
"济民博施"、"救民于水火之中"的豪迈气概；另一
方面，它又公然宣扬"百姓之田皆系天王之田"、"所
有少妇闺女俱备天王选用"，表露出"普天之下，莫非
王土；率土之滨，莫非王臣"的帝王思想。朴素的公
有理想与极端的专制主义在《百姓条例》中得到了统
一。之所以这样做，是因为在天国领导人的心目中，
"公有"、"国有"、"王有"是三位一体的。与在城市
实行"人无私财"，把城市变成"大军营"，居民分为
"男行女行"，和部队一样编制，"给与衣食，视同一
体"的同时，太平天国对广大农村地区，在相当长的
时间采取了以"贡献"取代赋税的做法。之所以如此，
是因为太平天国根本不承认土地私有，对建立在土地
私有基础上的现有赋税制度也持彻底否定的态度，而
"以下供上"的贡献制度则较能体现"公有"、"国
有"、"王有"三位一体的指导思想。

在《百姓条例》和圣库制度实践的基础上，太平天国于 1853 年 11 月制定了更为系统的纲领性文件——《天朝田亩制度》。这一文件全文仅 3000 字，内容却十分丰富，从田产均耕的土地制度、兵农合一的基层社会组织，直到宗教与教育、司法、选举与黜陟等，几乎囊括了社会生活的方方面面，其核心为田产均耕的土地制度，全篇亦因此而得名。

《天朝田亩制度》开篇即宣布"功勋等臣世食天禄"，因而该制度是为"后来归从者"，亦即普通百姓（准确地说是普通农民）所设计的一幅理想生活的蓝图。其根本指导思想是："务使天下共享天父上主皇上帝大福，有田同耕，有饭同食，有衣同穿，有钱同使，无处不均匀，无处不饱暖也。"

《天朝田亩制度》要点包括：

第一，"凡天下田，天下人同耕"，"此处不足则迁彼处，彼处不足则迁此处"；

第二，"凡分田照人口，不论男妇"，"凡男妇每一人自十六岁以上，受田多逾十五岁以下一半"；

第三，"凡当收成时，两司马督伍长，除足其二十五家每人所食可接新谷外，余则归国库，凡麦豆苎麻布帛鸡犬各物及银钱亦然"。

总之是一句话："盖天下皆是天父上主皇上帝一大家，天下人人不受私，物物归上主，则主有所运用，天下大家处处平均，人人饱暖矣。此乃天父上主皇上帝特命太平真王救世旨意也。"

第一点讲的是土地所有权。该制度虽未明确土地为国家所有，但从"凡天下田，天下人同耕，此处不足则迁彼处，彼处不足则迁此处"等规定来看，实际上否定了包括地主土地所有制在内的土地私有制，企图建立土地国有制，但比起"普天之下，莫非王土"、"田皆天王之田"的提法，更能为广大群众所接受。

第二点讲的是按人口平分土地。《百姓条例》只强调了分配的均等，但分配是由生产决定的，粮从田出，没有土地，"居住有所，衣食有资"只能是一句空话。《天朝田亩制度》强调按人口平分土地，规定妇女可与男子一样受田，更是对古代仅男子受田的均田制的重大突破。

第三点讲的是取民政策。与《百姓条例》相比较，主要体现了由"全部征收"到"剩余归公"的原则性变化。值得注意的是，《天朝田亩制度》以 25 家的"两"为基本单位，说明太平天国企图建立的土地国有制，是以农村公社经济为基础的。

按人口平分土地是《天朝田亩制度》的精华所在，并进而成为太平天国立国的一个重要原则，咸丰四年（1854）五月，东王杨秀清在答复英人质问时曾郑重声明："田产均耕一事是也，人人皆上帝所生，人人皆当同享天福，故所谓天下一家也。""田产均耕"是为保证"人人不受私，物物归上主"、"天下大家处处平均，人人饱暖"服务的。基于分配制度上的平均主义原则，《天朝田亩制度》一方面抓住土地所有权不放，不使土地成为农民的私产；另一方面抓住分配权不放，只许农民过着"通天下皆一式"的生活，而将剩余产品都收归国家。这样，它便从根本上与农民对土地的迫切要求脱节了。

所以，《天朝田亩制度》并没有起到应有的指导革命的作用，它属于恩格斯所批评的那种仅是从头脑中产生出来的解决社会弊端的空想方案，因而，"愈是制定得详尽周密，就愈是陷入纯粹的幻想"。它终于被束之高阁。《百姓条例》颁布之初还曾轰动一时，而《天朝田亩制度》则几无回响，以至清廷专门搜集太平天国情报的张德坚多方打探仍对其一无所知，并怀疑其是否"梓行"了。

但《天朝田亩制度》作为太平天国运动留给后人的一份珍贵历史文献，有着十分重要的意义。《天朝田亩制度》是中国农民战争史上第一个比较完整的解决土地问题的纲领，达到了中国几千年农民运动的最高峰，是前所未有的。它表达了广大农民对急剧的土地兼并和残酷的地租剥削等社会罪恶的抗议。中国是一个农业大国，以土地为触媒，历史上曾爆发过多次农民起义，不少农民领袖曾就此社会问题提出过一些主张。历史上许多思想家曾就此提出过各种设想，如黄宗羲主张恢复井田，颜元、李塨主张均田。然而，唯有太平天国才将农民阶级的愿望和要求作了具体的理论性阐述，提出了田地均耕、财富均分的设想。这是以往任何一位思想家都无法比拟的。从这个角度讲，《天朝田亩制度》具有反封建的意义，并对后人颇有启迪，如后来中国共产党就继承了按人口平分土地的做法。

但绝对平均主义毕竟是一个无法实现的乌托邦。

首先，《天朝田亩制度》设想平均分配生产资料（土地制度）和生活资料（圣库制度），取消社会分工和商品交换，将自然经济生产方式理想化和绝对化，这就违背了社会经济发展的客观规律，开了历史的倒车。

其次，劳动者以"两"为单位所领取的生活资料都是一个平均数，并不考虑自己的勤惰、丰歉等具体情况，这必然会损伤人的积极性和创造性，导致社会的低效率。

再者，太平天国将军队中的圣库制度推及整个社会，在生产力水平极低的情况下，若要维持整个社会成员的均匀饱暖，就不得不相应降低人们的消费水准，这就必然会伴生出禁欲主义，而依靠禁欲主义来维持人们的意志、信念是不会长久的。圣库制度后来名存实亡即为例证。

正因为《天朝田亩制度》的严重空想性，决定了它的基本内容是不可能实行的。它的部分实践随着时间的推移，其消极方面愈益显露，迫使太平天国领导人在实践中不断加以修正，被迫退回到现实中来。

太平天国在天京城内废除私财与私营工商业，实行诸匠营、百工衙制度。虽然这种制度对太平天国军事供应和社会经济生活都作出了重要贡献，但这种在手工业基础上废除私人经营，实行国家公营与平均分配的方法，严重地摧残了商品经济和资本主义萌芽的发展，是违背客观经济规律的，因而不能维持久远，最后太平天国领导人不得不将废除私营工商业转变为保护和鼓励私营工商业的政策。天京居民对家庭和私有财产的破坏深感怨愤。他们的不满情绪被一些效忠清朝的敌对分子所利用，其中最为突出、对太平天国领导人震动也最大的便是吴长松、张继庚等人于1854年谋划开神策门接应江南大营的事件。现实逼迫天国领导人允许恢复家庭和私有财产。在农村实行的"贡献"政策逐渐走向反面，人们不愿主动进贡了。天京粮食供应的紧张使得太平军的一些部队采取了名其曰"打贡"的强制没收的极端措施，结果激化了太平天国政权与当地人民的矛盾。残酷的现实迫使太平天国领导人于1854年夏初采取"照旧交粮纳税"政策，后又被迫允许"一班小弟小妹团聚成家"，恢复了正常的家庭生活。

太平天国的农民英雄们希望把亿万农民从封建桎梏下解放出来，但他们却没有足以否定封建制度的思想武器。尽管他们可以把平均主义的武器磨得锃亮，放射出一束夺目的光彩，却无法摧毁封建制度的枷锁，超越历史和阶级的局限，反而被迫回到现实，承认和接受现存社会制度，旧世界得以在太平天国名义下重建。

1864年7月19日天京的陷落，宣告了这场规模大、时间长、影响远的农民革命风暴——太平天国运动的失败。

天国英烈们的美好理想，终成一枕太平梦，让后人几多憧憬，几番慨叹。

三 被迫发出的吼声

——义和团运动

　　太平天国失败以后，随着中国半殖民地化程度的加深，西方宗教势力开始侵入到中国的广大内地农村，打破了中国农民原有的封闭生活，给他们带来新的屈辱、困苦和压迫。农民们以传统思想为武器，表达了自己的民族情绪，从而爆发了一浪接一浪的以反洋教为表征的反侵略斗争——教案，并在 19 世纪末、20 世纪初最后汇合成席卷华北地区的义和团反帝爱国运动。

 ## 1 洋教士们深入腹地

　　此起彼伏的反洋教运动，构成了义和团运动的前驱。

　　除了早期的景教外，西方教会势力深入中国，起于明代。到清朝康熙、雍正年间，清政府禁教，教会势力基本被击垮。鸦片战争后，西方基督教挟着"坚船利炮"的威势再次出现在中国人面前。第二次鸦片战争后，由于传教士的参与策划，《天津条约》中塞进了容许在中国传教的所谓"宽容"条款。传教士可在中国凭借不平等条约，依仗外国政府的武装和领事裁判权，宣扬基督教的福音。在《北京条约》中，法国传教士更擅自加入了"在各省租买田地，建造自便"的条文。在不平等条约的保护下，传教士们开始大批地深入中国腹地，霸占土地，干涉内政和包庇教民，直接侵犯了中国人民的和平生活和国家主权，引起了中国人民的反抗。每发生一起教案，传教士就向公使馆告状，公使馆立即对清政府施加压力，接着就是清政府对人民的镇压和向外国侵略者的屈服。传教士得逞后愈加放肆，人民对之就愈痛恨，在忍无可忍的情况下起来反抗，如此循环，使矛盾不断激化。

传教士深入中国腹地后引起农民反抗的原因大致有三。

其一，霸占土地。自从1860年把所谓"给还旧堂"用条约形式固定下来之后，天主教传教士在内地强行勒索房地产，采用种种手段霸占土地。最常见的方式有以下几种：

强迫捐献。传教士对有房地产的教徒以宗教语言强迫他们捐献房地产，或教堂内的设备，诸如椅子、桌子之类，或庙宇。如山东德州第七屯有一寡妇吴氏，因在1878年灾荒时领过传教士的一点救济，1881年在传教士的花言巧语下，将一处宅院、七间平房、一间门楼、二分庄东地捐献给教堂。

盗买盗卖。传教士通过不法教徒盗买公产或亲属产业转手给教堂。如1882年，在黑龙江呼兰县，传教士贡罗斯通过窦至等人将郭定恒的产业盗买到手。后来郭定恒起诉，传教士不但拒绝回赎，反而开枪打死交涉的官员，并抢先向官府告状，要求赔款3000两银子，结果竟然打赢了官司。

低价勒索。这种情况在中国发生灾荒时最为常见。传教士利用灾情严重、农民纷纷逃荒之际，用极低的代价买进大片土地。1876年至1879年间，华北发生严重灾荒，大批传教士乘机到灾区以低价购买土地。等到灾荒过去，大批失去土地的农民返乡时，因无力购买土地，只得被迫在全家入教的条件下充当教堂的佃农。传教士有时也采取低价永租手段。美国传教士黄安河在内蒙古用恐吓手段租田地1000顷，署曰永租，由约1000个教民耕种，并课其租。此外又牧羊、牛、马千余，在堡内服役者50余人。

占领垦地。这种情况主要发生在内蒙古一带。传教士采取占领垦地的手法召佃开垦。早在鸦片战争之后不久，传教士即已渗入内蒙古一带占领垦地。到19世纪70年代，规模扩大，1871年在乌兰察布盟四子旗乌尔图沟，传教士一次占领垦地就达4500亩。

传教士在中国霸占了大量土地之后，除用于教堂及其附属机构建筑外，其余土地由佃农耕种，强迫他们将收获的四五成甚至八成交给教会，进行残酷的地租剥削，并且要佃农献纳鸡、鸭、鱼、肉等供其享用，还令佃农从事修造教堂、拉柴赶车、种菜挑粪等无偿劳动，利用青壮佃户充当教堂打手，如不履行上述义务，传教士就以罚款、罚送匾、罚送酒、刑责或收回土地、开除教籍等方式惩办佃农。例如，江苏宿迁地主周甲信天主教，每亩收租七斗半，而佃农周乙等40人也信天主教，但因无力负担地租，抗拒不缴，传教士竟勒令佃农周乙等交罚款130千文，制匾五方，设酒席五桌。

其二，包庇教民和把治外法权延伸到中国教民。所有教徒大致可分为三类：第一类是真正的信教者，一般都是比较善良的，只是受了传教士的宣传而入教的；第二类是吃教的，没有什么信仰，有的因为生活贫穷而入教，有的属于二流子或流氓地痞被收买入教的；第三类是仗教的，就是企图依仗教会势力保护个人或家庭利益的，多数为地富土豪。后两类教徒往往是民教争斗的肇事者。传教士往往不问是非曲直，妄加包庇，甚至包揽他们的词讼，逼迫地方官让步。在传教士的包庇纵容下，不法教徒作奸犯科，欺压乡里，引起广大农民的普遍反抗。

其三，任意干涉中国内政和以武力要挟。早在1861年，恭亲王奕訢奏称："（传教士）每以民间琐事前来干预，致奉教与不奉教之人诉讼不休……奉教者必因此倚恃教众，欺侮良民……为地方官者，又或以甫定和约，惟恐滋生事端，遂一切以迁就了事，则奉教者之计愈得，而不奉教者之心愈不能甘。"

清政府采取保教抑民的政策，其结果更加助长传教士的嚣张气焰。如1886年，镇江一个木匠与传教士立契承包了一项很小的建筑，由于亏本要求略加补偿而发生口角，传教士告到美国领事那里，领事强迫道台惩治该木匠。道台仅仅说了声需要查对一下账目，领事就电告上海总领事，马上派军舰到镇江要挟。还没有等军舰开到镇江，道台就下令逮捕木匠，先让其在镇江美国领事馆门前带枷示罪，然后再行惩处。

传教士们深入中国腹地之后，上下渗透，步步推进，在中国广阔的领土上按行政区划分设教区，深入到各个城镇和村落，变外来为内在，成为中国社会的一股特殊势力。虽然传教士中不乏真诚献身于传教事业者，并且在一定程度上沟通中西文化交流，为中国带来西学，但西方基督教本质上是排他性的，它以"救世"的面目在中国大地上出现，以"优越文明"的姿态，鄙视中国原有的文化，反对包括祖先崇拜在内的儒家学说和社会习俗，这就不能不引起中国原有文化的抵制。更重要的是洋教本身就是凭借着西方大炮和不平等条约硬行闯入中国人生活的，这本身就给众多的中国人带来沉重的屈辱感。在广大农民眼里，这些传教士只不过是从事侵略活动的伪善者，是披着宗教外衣的帝国主义分子，他们代表着西方侵略势力，是外来的异端。为了反对洋教势力的渗透，为了反抗传教士庇护下的教民的欺压，广大农民以自卫和排外的形式展开了反洋教斗争。由于缺乏正确的引导，他们反侵略、反欺凌的热情被封建顽固势力引向不分青红皂白、盲目排斥一切外人和外来事物，引向烧逐杀的非理性行为。

从鸦片战争后一直到义和团运动期间，由传教士引起的大小教案共400余起，大部分集中在19世纪最后30年，而这30年也正是帝国主义加紧侵略中国的时期。这一段时间反洋教的舆论和行动几如海潮江波，逐浪而起，现略举数例，从中可窥一二。

衡阳教案。1862 年传教士在衡阳等地强占民房，建立教堂，绅民发出《阖省公檄》，揭露传教士罪恶。群众捣毁衡阳、湘潭等地教堂和育婴堂。法国代办向清政府施压。结果清政府将衡阳、湘潭两位知县革职，并勒令当地政府赔款、重建教堂。

酉阳教案。1865 年，法国传教士玛弼乐因在酉阳支持教徒欺压百姓，被群众击毙。法国公使派兵到四川相威胁，迫使清政府处死民众 1 人，徒刑 2 人，赔款 8 万银两。1868 年，法国传教士李国在酉阳组织教堂武装，修筑工事，奴役人民，激起公愤。民众于次年初焚毁教堂，杀死李国。教堂武装乘机报复，杀死民众 145 人，伤 700 余人，百余户民房被焚毁。法国参赞罗淑亚与清政府谈判，主凶竟逃回法国。结果民众被处死 2 人，徒刑 10 人，赔款 3 万银两。

巨野教案（又称曹州教案）。1897 年德国传教士在曹州附近唆使教徒压迫人民，激起民众公愤，巨野县农民杀死张家庄德国传教士 2 人。济宁、寿张、单县、武城各县群众和农民在大刀会的号召下，纷纷响应。德国借口传教士被杀，将军舰驶入胶州湾，强行登陆。结果清政府将山东巡抚李秉衡革职，处死民众 2 人，徒刑 3 人，赔款 22.5 万银两。

农民反洋教运动，从根本上说是反侵略的斗争。它是在近代民族主义尚未形成以前，遭受侵略的人民用传统武器表达本民族情绪的一种形式，是 19 世纪中后期民族自救运动的组成部分，集中展现了农民群众中日益高涨的爱国激情。反洋教运动也是普通农民在清王朝丧失"防洋"功能的情况下一种自发的求生存斗争，是被迫发出的"排外"吼声。

到19世纪末，面对帝国主义掀起的瓜分狂潮，广大农民开始有了国亡家破的民族危机意识，有了救亡的迫切感。"上下之人举以为忧"，"群求发奋自强之道"，于是"君子谋于朝，小人谋于野"。在野的劳动人民，便由反洋教、反洋货、反洋人，归结为"灭洋"：1894年从皖南到山东的大刀会活动地区喊出了"光华灭洋"的口号；1898年，四川大足余栋臣提出"顺清灭洋"，山东冠县赵三多要"助清灭洋"，以及在直鲁交界各地的"保清灭洋"、"辅清灭洋"，最后到1900年义和团运动高潮时统一为"扶清灭洋"。正是反洋教运动中形成的"灭洋"意识，成为义和团反帝爱国运动的"自觉"意识，沟通了不同的阶层、不同的职业，使成千上万的人投入到义和团运动中。

 "义和团，起山东"

义和团是在义和拳的基础上发展起来的。义和拳是北方民间秘密结社的一种，是乡间"保卫身家，防御盗贼"的互助性组织。其中有的原属白莲教系统的八卦教，具有白莲教杂拜各家鬼神偶像的传统和吞符以避刀枪的风习。19世纪末，由于外国教会势力的膨胀给山东、直隶人民的生活带来不安，当时就有人说：

"直隶、山东及江苏、河南各邻近州县，凡有教堂之处，与民人多有积怨。"僻处乡村的居民，感受最深的，就是教堂及其周围势力的压迫。以"保卫身家，防御盗贼"为宗旨的义和拳等民间组织，很自然地将目光转至教堂、教民和洋人身上，由"防盗"而开始"闹教"了。

义和拳改称义和团，最早见于 1898 年 6 月山东巡抚张汝梅的奏折。1899 年夏，继任山东巡抚毓贤示将义和拳改为义和团。同年 10 月以后，清政府在公文中开始称之为义和团。义和团的名称，自此逐渐取代了义和拳，或与义和拳通用。义和团不是由某一个单独秘密结社发展起来的，而是以义和拳为主，在群众性的反教会斗争中逐渐发展壮大的反帝组织。随着义和团反帝斗争日趋高涨，其群众基础不断扩大。

义和团的成员多为贫苦农民，也有一些失业的水手、脚夫、筑路工人、盐民、小手工业者、小商贩和店员，以及散兵游勇。到义和团在京津地区发展到高潮时，不少中小地主、政府官吏和清军士兵也参加了进来。如此众多而复杂的人员在民族危亡的紧急关头加入义和团，表达了中国人民反抗外国侵略的强烈愿望。

义和团的基层组织是"坛"，又称坛口、坛厂、拳厂（场）。坛口大多设在庵、观、寺、院里，或其他公共场合，后来在署衙、书院、营房，甚至在前沿阵地上，都设有坛口。各个坛口都有供奉牌位，大多是团众信仰的"神灵"和敬仰的人物，如洪钧老祖、玉皇大帝、关圣帝君、张飞、刘备等。坛口的大门两侧竖两面或一面大旗，一般是红底三角旗，也有长方形的，镶有绿、蓝、黄、白等色镶齿花边，旗上绣有"扶清灭洋"、"助清灭洋"、"保清灭洋"或"义和神拳"、"天兵天将"等字样。

各支义和团首领，一般称大师兄、二师兄。总坛或其他系统的领袖，一般称为老师，也有称团首或祖师的。义和团没有形成统一的领导核心，各地义和团互不相属，处于分散作战的状态。这种组织上的分散性、行动上的自发性和浓厚的迷信色彩，决定了这场运动的落后一面。

义和团运动首先在北方的山东兴起，是有深刻的社会根源的。它在西方资本主义势力深入中国城乡各个方面之后发生，是与当时北方特别是山东、直隶一带遭受帝国主义的残酷压迫和剥削密不可分的。第一，旧交通要道运河被海运和铁路代替，沿运河城市衰落，来自西方的轮船、火车夺走了船夫、水手、脚夫、驿站夫、店员的饭碗，由此而造成几十万、上百万人的庞大失业队伍，使他们的生存受到严重的威胁。这种近代经济转型的过程，体现了历史发展的必然性，但对中国来说，它又首先是民族战争失败所带来的屈辱结果。第二，中日甲午战争对山东内陆的影响是随着越来越多的清兵被派往前线，驻防在这些地区的军队急速减少而产生的。这种军事力量的真空使得土匪和大刀会一类自卫武装迅速活跃起来，这在义和团的故乡鲁西北表现得尤为明显。清军的大败而归，又证明了清政府的软弱和无能，这一方面导致帝国主义瓜分狂潮，另一方面也使它丧失了保护国民和抵制外侮的功能，而人们不得不依靠自己来保卫家园和生命。同时巨额战费和赔款也都转嫁到农民头上。第三，山东、直隶一带洋教势力特别盛行，如山东一省各地教堂、教会有1100多处，直隶大小教堂共有2000余所。传教士在这一带特别活跃，胡作非为。山东作为孔孟故乡，直隶作为京畿重地，是传统文化习俗和保守势力特别强大的地区。这里东西文化冲突十分尖锐，反洋教运动异常活跃。甲午战争后列强瓜分中国的狂潮打破了乡村的闭塞，使中国人直接面临帝国主义的强暴。民族矛盾的激化促进了民族对抗意识的强化，广大农民开始自发地将反洋教斗争与反瓜分结合起来，因之而有"义和拳会各名目树旗起事，以'扶清灭洋'为名"，百姓"云集响应，所在蜂起"。第四，山东地区自1895年到1898年连年遭受水旱虫灾，每年受灾村庄近万个，而清政府以"救灾"为名，大肆敲诈勒索，把农民逼上绝境。走投无路的农民将满腔怒火喷射到洋教和洋人身上，并把自然灾害同洋教联系起来："天久不雨，皆由上天震怒洋教所致，因其劝人勿拜鬼神也"；"兹因天主、耶稣教众欺神灭圣，忘却人伦，怒恼天地，收住云雨，降下八百万神兵，扫平洋人，才有下雨之期"。

由于瓜分狂潮起于胶州湾事件，山东首遭重击，因之成为义和团运动的发源地。

1897年，义和拳在官绅统治力量薄弱、秘密宗教和习武组织普遍存在的鲁西北兴起。山东巡抚张汝梅在给清廷的奏折中说："直隶、山东交界各州县，人民多习拳勇，创立乡团，名曰义和，继改称梅花拳，近年复用义和名目。"义和拳首先在冠县一带开展斗争。冠县梨园屯的天主教民在法国传教士支持下，与村民争玉皇庙基，并于1897年春在旧庙基上重建教堂，结果激起众怒。村民阎书勤等人率众驱逐教民，拆毁教堂，重建玉皇庙。他们还邀请直鲁交界处的梅花拳首领赵三多前来护庙。1897年4月，赵三多率领拳众在梨园屯亮拳设厂。传教士要挟清政府镇压拳民。山东巡抚张汝梅愤恨教士恃强相压，对义和拳采取了剿抚兼施、以抚为主的方针，并建议清政府"将拳民列诸乡团之内，听其自卫身家，守望相助"。1898年11月，赵三多等人在冠县蒋家庄（今属河北威县）竖起"助清灭洋"旗帜，率众直攻桃花园教堂，随即东撤临清，沿途发展到千余人。随后，队伍分为两路，一路由阎书勤等率领，活动在直鲁交界地区；一路由赵三多率领，沿运河北上，力量扩展到直隶南郊。

不久，义和拳很快又在茌平、平原、禹城一带活跃起来。仅茌平一县，"习拳者多至八百余处"。茌平拳民首领朱红灯、禹城拳民首领心诚和尚，在斗争中相互声援，使禹城、茌平、平原等地的义和拳联成一气。

1899年秋，平原杠子李庄教民地主李金榜荒年存粮不借，并借故欺压拳民首领李长水，因而发生冲突。李金榜诬告群众"闹教"，知县蒋楷派差役到杠子李庄逮捕群众数人。李长水遂邀朱红灯相助。10月，朱红灯将蒋楷的马队击退，乘势攻打恩县教堂，继而率队到达距离平原县城18里的森罗殿。蒋楷向毓贤告急。

毓贤于1899年3月出任山东巡抚后，曾先后八次下令禁止义和团。但他充任山东地方官二十多年，深知省内"教民肆虐太甚，乡民积怨不平"的真情。德国占领胶州湾后，他目睹教会气焰更加嚣张，对义和拳的镇压已不再像镇压大刀会那样卖力，基本上沿袭了张汝梅以抚为主的政策。故而在接到蒋楷的报告后，即派袁世敦率兵往平原，令其"出示开导，务期解散"。然而，袁世敦违令于18日晨追至森罗殿附近，枪杀群众多人。朱红灯指挥拳民杀出重围，转回茌平。森罗殿战斗，大大提高了朱红灯的威望。在转回茌平时，朱红灯全身着红，被人用精致的轿子抬着，轿子上写着"兴清灭洋"四个大字。自此，"兴清灭洋"作为义和团的口号开始在各地广泛流传。"兴清灭洋"表明义和团的目的是恢复清朝主权和焕发清朝的生机，把自己想象成中国传统和中国文化的代表，他们与清廷及任何中国官吏都没有根本的冲突，希望官府支持他们的灭洋行动。"兴清灭洋"的口号是在民族矛盾激化的情况下，大多数中国人对中外反动势力的认识处于感性认识阶段的产物。这一口号继承了群众在反教会斗争中所逐渐形成的"灭洋保国"的朴素认识，是民众中早已流传的反对洋人"欺主谋国"的思想延续。它表明没有新的经济基础的广大生产者无法冲破皇权主义的思想枷锁，更不可能在救亡运动中提出一个超越陈旧皇权主义的救国方案，只能用"洋人欺大清"

来激发民族义愤，又用"扶大清、打洋人"来反映和归纳当时反侵略斗争的内容，还停留在将封建国家作为被侵略的整体来保卫的思想认识阶段。"灭洋"虽然触及了时代救亡主题，但它对洋人、洋教和外来思想统统排斥，又具有盲目排外的落后性。这一口号虽在一定程度上有利于义和团运动的发展，但也导致了义和团被清廷利用并最后被扼杀的结局。

义和团运动在山东的兴起，引起帝国主义的极大恐惧与不安。他们威逼清政府撤换镇压义和团不力的毓贤，改派袁世凯署理山东巡抚。毓贤在离任前两天（1899年12月24日），杀害了朱红灯和心诚和尚。在朱红灯和心诚和尚牺牲后，拳民首领王立言率领义和团在山东继续战斗。

袁世凯本意是到山东严厉镇压义和团。但慈禧企图废光绪帝立端王载漪之子溥隽为大阿哥的阴谋因遭西方列强抵制而破产，慈禧十分不满，遂产生了利用义和团对抗洋人的想法，故而清政府接二连三地严颁谕旨，令袁世凯推行"以晓谕解散为主，毋轻用兵"的方针。清廷的这一态度，使义和团运动迅速发展，并很快蔓延到直隶、京津地区。

袁世凯刚到山东不久，脚跟尚未站稳，又遭到清廷一些主抚官员的弹劾，不敢违旨。但当他1900年春初步站稳脚跟后，便不再顾及朝廷的严令，派兵围剿团民，并勾结山东各地教会武装，残酷屠杀义和团民。各路团民死伤惨重，首领王立言等人先后牺牲。幸存的团民，在阎书勤等人的领导下，或转为秘密活动，或进入直隶继续斗争。山东人民和义和团，恨透了袁世凯，"皆有欲杀之势"，喊出了"杀了袁鼋蛋，我们好吃饭"的誓言。还有人在袁世凯巡抚衙门照壁上，画了一个头戴红顶花翎的大龟，爬在洋人屁股后面，表示对袁世凯的切齿痛恨。在人民斗争面前，袁世凯胆战心惊，日夜不宁，于卧室外密护铁网，龟缩其中，以防不测。

 ## "不到三月遍地红"

1900 年春，山东义和团的一部分冲破袁世凯的束缚，向帝国主义及其走狗清王朝控制的心脏地带——北京和天津挺进，与直隶的团民会合，展开更大规模的反帝斗争。

长期以来，直隶人民反教会斗争一直连绵不断，参加的群众非常广泛。赵三多、阎书勤在冠县竖旗起义后，直鲁交界地区和直隶南部很快出现了义和团的活动。1898 年冬，大名府枣强县就组织起义和团，竖起"助清灭洋"旗帜，捣毁了县城北面的教堂。1899 年，河间府景州也出现了义和团，并攻打直隶南部生家河天主教总堂。

1900 年春天，山东少数团民转移到直隶南部，当地人民纷纷邀请他们前往设坛授拳。开州、献县、景州等地，很快出现了"习拳者益众，焚香设坛，人心若狂，官亦不敢过问"的局面。在河间县，义和团于 1900 年 3 月初"公开传习"，数旬之间遍地皆是。

随后，义和团逐渐向直隶西南各州县发展。4月底，晋州、定州、新乐、宁晋、广宗、获鹿等县已是"拳场林立，指不胜屈"。5月初，有部分团民渡过滹沱河，北攻深泽、无极等地教堂，"或拆或焚，均成平地"。

义和团还冲破种种障碍，向保定地区推进，从保定向北发展到新城、定兴、涿州一带，进入北京，向东发展到雄县、霸县、静海等地，进入天津，从而在京、津、保一带形成了一个新的斗争中心。

义和团向京津进军，使帝国主义惶惶不可终日。1900年4月6日，英、美、法、德四国公使胁迫清政府限"两月以内，悉将义和拳'匪'一律剿除，否则将派水陆各军驰入山东、直隶两省，代为剿平"。清政府马上电令直隶总督裕禄严加镇压。裕禄接令后，立即派杨福同等将领，带兵对义和团进行"围剿"和堵截，企图阻止义和团挺进京津。

但是义和团的反帝革命洪流不可阻挡。4月，义和团在任丘县击退前来镇压的清军。5月，义和团攻打涞水教堂，焚烧了教堂，并惩办了20多名作恶多端的教士和教徒。裕禄闻讯，立即派杨福同率清军直扑涞水。杨福同部在途中陷入义和团的伏击圈，被杀得人仰马翻，杨本人突围未成，被扎伤堕马毙命。5月27日，义和团两三千人攻占涿州城，并在四门上下竖起"兴清灭洋"旗帜。接着，义和团直趋北上，将涿州至长辛店的铁路、车站、桥梁、电杆尽行焚毁。29日，义和团占领丰台车站，逼近北京。

　　面对义和团运动的强大声势和沉重压力，清廷中以载漪、刚毅、徐桐为首的顽固派，决定对义和团采取招抚利用政策，将其纳入团练的合法轨道，加以控制，消弭其反封建的倾向，变成反对社会变革、捍卫封建传统、对付外国侵略者的群众力量。顽固派也迫使慈禧太后改变犹豫不决的立场，倒向他们一边。强烈的"亡国灭种"意识，辅之以清政府的招抚利用政策，使得义和团由山东进入直隶，由乡村进入城市后，便成燎原之势，迅速以京津为中心，在华北燃烧起来，并波及东北和西南，在全国蔓延开来。

　　1900年6月，义和团力量已经威震京津。他们烧毁了教堂，惩办了罪大恶极的传教士。义和团"最恶洋货，如洋灯、洋磁盆，见即怒不可遏，必毁而后快"，"闲游市中，见有售洋货者，或紧衣窄袖者，或物仿洋式，或上洋字者，皆毁物杀人"。这种盲目排外的情绪倾泻了许多小生产者生路断绝之后的发指眦裂之恨。这种愤恨酿成于血泪和饥饿之中。但这种愤恨所包含的愿望又与旧的生产方式连在一起，他们不认识帝国主义，却认识洋人洋物，于是所有的外来之物便成了痛苦的原因。他们在大街小巷张贴各种标语，表达了强烈的"灭洋"决心。有张揭帖说：

　　　　还我河山还我权，刀山火海爷敢钻。

　　　　哪怕皇上服了外，不杀洋人誓不完。

　　在天津，各处遍贴义和团的揭帖，说："大师兄，砍洋头；二师姐，杀官兽；打倒洋和官，百姓有盼头。"

6月，船夫张德成和游勇曹福田领导的义和团组织，黄莲圣母、董二姑、刘三姑领导的妇女组织红灯照，浩浩荡荡进入天津，成为影响最大、战斗力最强的几支队伍。全城设坛二三百处，团众达五万人。他们冲入监狱，把被监禁的百姓全数放出；取出海关道署军械库的枪支弹药来武装自己。义和团还加紧制造武器，天津城内外"业冶铁者，家家铸刀，丁丁之声，日夜相继"。在义和团的打击下，帝国主义分子和卖国官吏威风扫地，如丧家之犬。天津这座北方大港成为反帝的中心。

在北京，广泛流传的义和团揭帖说："最恨和约，祸国殃民，上行下效，民冤不伸"，反映了广大人民对不平等条约的深恶痛绝。他们痛恨那些"羽翼洋人，趋炎附势，肆虐同群"的卖国官吏。义和团出于对西方侵略的本能抵抗，进而对一切与西方有关的人和物统统加以反对，主张学习西方和进行社会变革的维新派也被置于反对之列。他们公开提出要"康有为回国治罪"，后来在顽固派的怂恿下，又准备进宫行刺主张变法的光绪皇帝。6月初，京郊义和团开始进入北京城。到6月下旬，全城坛口已有一千左右，人数逾十万。这样，义和团实际上已控制了京津地区。

席卷京津的义和团革命风暴，有力地推动了全国特别是北方各省反帝斗争的高涨。

1900年6月，盛京（沈阳）城内贴满了义和团揭帖，揭露沙俄帝国主义的罪行，高举"御俄寇，保国土"的大旗，号召人民起来把侵略者"驱赶出中国的领土"，大规模地开展反对侵略的斗争。盛京燃起的反帝烽火，迅速扩展到整个东北地区。

1900年5月，山西省以太原为中心的义和团运动，遍布全省四五十个州县。内蒙古蒙、汉、满等各族人民，也积极投入反帝斗争，七八月间斗争进入高潮。

当义和团运动席卷中国北方的时候，南方各省的反帝浪潮也风起云涌，6~8月间，浙江、四川、江西、云南、湖北、湖南、河南、陕西、安徽、福建、广东等省，都相继爆发了会党和群众反对外国侵略者的斗争。

义和团激烈的反侵略"灭洋"行动引起了帝国主义更大的侵略。1900年6月10日，英、法、德、美、日、意、俄、奥八个帝国主义国家借口"保护商民教士"出兵中国。义和团运动因此由反洋教斗争发展为武装反抗外国侵略的斗争。作为一个爱国的民众团体，义和团以血肉搏枪炮的气概显示了顽强的民族精神。

俄国记者扬契维茨基在《八国联军目击记》一书中记述了1900年6月2日夜间发生在天津火车站的悲壮场面：

> 每一次射击之后，我们都听到了刺耳的号叫声，只见红灯掉落了，溃散了，熄灭了。但是团民们仍然挥舞着大刀长矛，高喊"义和拳！红灯照！"向车站前进。

他们中有一位师傅，是个脸色阴沉的高个子老头。他带领一群团兵径向我们连冲过来。

走在前头的小孩子举着大旗，上面写着"义和团"三个大字。

月亮照耀着这些丧失理智的莽汉，照耀着他们的大刀和旗帜。

一排子弹射过去了，大旗倒下了，又举了起来，接着又倒了下去。

义和团作为以旧式生产者为主体的民众爱国团体，作为旧的生产力的代表者，在自发地担当起挽救民族危亡的重任时，历史和阶级的局限决定了他们不可能以新的武器去反抗外国侵略，只能借助于传统的过时的武器去对抗拥有现代武器的侵略者。这样，落后的生产方式和落后的社会意识通过正义的行动而奇特地表现出自己的活力，义和团的民族英雄主义便历史地具有一种非理性的外观："习拳者持咒面向东南方，三诵而三揖，即昏绝于地，顷之手足伸展，口作长歔，一跃而兴，舞蹈不已。"其咒文有"天灵灵，地灵灵，奉请祖师来显灵，一请唐僧猪八戒，二请沙僧孙悟空，三请二郎来显圣，四请马超黄汉升，五请济颠我佛祖，六请江湖柳树精，七请飞标黄三太，八请前朝冷如冰，九请华佗来治病，十请托塔天王、金吒、木吒、哪吒三太子，率领天上十万神兵"。以神道为武器，显示了群体的愚昧，万千来自下层社会的人们手执引魂幡、混天旗、雷火扇、阴阳瓶、九连环、火牌、飞剑，勇敢地对抗帝国主义的火枪快炮。在这个过程中，愚昧升华为悲壮。

在义和团运动中，破产小农和手工业者归复自然经济的强烈愿望使他们的眼界无法越出中世纪，因此他们在英勇反抗侵略的同时，又本能地守护着两千年来陈腐的固有之物。而后者正是排外主义的应有之义。在列强组织军队干涉之后，促使义和团的"排外"行动达到高潮，烧教堂，杀教士和教徒，甚至只要见到外国人便立即杀掉，一切外来之物也都成了焚烧的对象。

在帝国主义的武装屠杀和清政府的配合绞杀下，义和团很快陷于失败。义和团运动虽然失败了，但它充分昭示了中国农民的革命性及其深厚的力量。

四 "劫富济贫"的绿林好汉

——白朗起义

 "中州真主"

辛亥革命推翻了清王朝,中国社会丧失了最高权威,从而进入了剧烈的动荡时期,随之而来的军阀干政又加剧了盗匪活动的滋长。结果自"民国创立后,没有一片区域没有土匪,没有一年土匪偃旗息鼓",中华民国几乎成了"中华匪国"。民国初年,中州大地上出现一个外号叫"白狼"的绿林好汉,他率领的部众,席卷豫、鄂、皖、陕、甘五省,攻克五十多座城镇,历时三年半,威名响彻中外,上演了一场"梁山好汉"式的悲喜剧。

辛亥革命前,地处中原的河南,广大人民在封建主义和外国帝国主义的残酷压迫剥削下,无法生存,纷起反抗。民国初年,袁世凯篡夺了革命果实,"托名共和,厉行专制",人祸天灾,交相煎迫,河南农民的武装斗争更趋活跃。在这个条件下白朗起义相应而起。

白朗,字明心,1873年出生,河南宝丰县大刘村人。因为其身材高瘦，腿长而行快，故因其名而绰号"白狼"，反动统治者即加以利用，借以渲染白朗义军的"凶残"。当时人们讹传白朗为日本人，或说为一富家公子。其实白朗出身农民，在家排行老二，上有一姐，家中约有荒地200亩，雇有一个长工，在当地是个比较富裕的农民家庭。白朗幼时读了一年多私塾，后辍学务农。青年时期的白朗，身高五尺有零，背微弯，脸圆微黑，双目圆大，眉浓黑，臂力过人，喜欢弄武玩枪，发必中的。白朗曾在家乡宝丰为政府运盐，由于他"性豪爽，善驭人，疏财仗义"，敢于为同伴打抱不平，因此被选为盐队的首领。他侠肝义胆，乐于助人，人们称他为大家的"管大哥"。这一美称很快在当地传开。

1908年，白朗因事和本村地主王真发生口角，遭王家众人痛打。事后白朗和一帮朋友找王家评理。在冲突中，王家老父亲被白朗推倒在地，回去后不久即死去。据传王父之死并非因白朗所致，而是王家弟兄为瓜分家产，乘机将其父害死。王父死后，王家诬告白朗打死人命，贿通县令将白朗逮捕入狱达一年之久。白朗家人先后变卖了100亩地才将白朗赎出。在狱中，狱卒对白朗百般折磨勒索，将他吊在大梁之上痛加鞭打，旧仇加新恨，使白朗发誓非向狱卒报仇不可。回家后，白朗对其母说，我们受人欺负，没法站住脚了，非"蹚"不可！经母亲苦苦相劝，白朗方作罢。于是，白朗决定去禹城项大人（德高）处干马队。可是项大人见白朗的红马剽悍俊美，硬要以红马相挟，白朗因此愤而返家，但回家后那匹红马还是被人抢走了。

1911年宝丰一带兵荒马乱，白朗的母亲为避免被抢，打点家中值钱之物送往城里女儿家，不料途中被清乡的官军全部抢走，送财物的两人则被关在站笼里囚死，白朗城里的姐姐家中也被洗劫一空。面对这个是非颠倒、恶人横行的人间地狱，白朗忍无可忍，在朋友的敦促下，终于走上了绿林之路。

1911年在家乡跟他起事的仅有二三十人，但他"性豪爽，善驭人，疏财仗义，以是能得众。先奔于（临）汝、鲁（山）、郏（县）、宝（丰）之间，结识豪侠，渐成规模"，只因武器缺乏而未能大举。白朗于是在1912年春将宝丰县长的儿子劫去勒赎，索价新式五响钢快枪10支，并且缴获了前来赎人的保镖10余支快枪。经此一事，白朗势力大增，在绿林中的威望也提高了。同年10月，当地的匪首杜启赋等人被杀，余众无所归依，纷纷投奔白朗。从此，白朗愈发枪多人众，影响日大。

1912年冬，白朗面对河南都督"剿抚兼施"的政策，拒绝"招抚"，带领队伍在北自禹县南至桐柏山的豫西广大农村往来流动，消灭分散的地主武装，收缴武器。他的队伍纪律严明，所到之处，高呼"打富济贫"的口号，"专打大户老财，对贫苦人民多方体恤，秋毫无犯"，"违者就地正法"，并将夺取的地主富豪的粮食财物分给贫苦人民，因而得到广大群众的热烈拥护，队伍迅速扩大。到1913年8月起事进入高潮时，他已联合起34支队伍，总计两三万人，成为颇有声势的绿林义军。

1913 年夏，"奋起陇亩，纠合豪杰，为民请命"的白朗，以"中华民国抚（扶）汉讨袁司令大都督"的名义宣称：

满业倒了气运，

袁贼逆命权衡。

我国现在无印，

受定国棵（课）何用？

袁贼一概独吞，

假作民国扬名。

我军来到地方，

百姓并不逃行。

现在中州真主，

荡荡如同天神。

这样，"中州真主"白朗开始借讨袁之名来演出"绿林好汉"的活剧了。

 2 白朗所部的成分

白朗部众由数十人发展为几万人，主要是由以下几类人构成的。

失业农民和其他劳动者 这类人参加义军主要是为了生存。贫穷和饥饿将他们逼上梁山。"与其饿死，不如当土匪"，便是他们的口头禅。正如一句谚语所说：当人们挨饿时，弱者为乞丐，强者为土匪。白朗起事初期，成员多来自宝丰、临汝、鲁山三县交界处的农民，也有很多挣扎在生死线上的挖煤工人、山林中开沟筑堰的"蹚将"。在白朗转战豫、鄂、皖边区时，也有不少农民和其他劳动者参加义军。西进陕甘时，参加队伍的人中这类人很少。因此构成白朗队伍主要力量的破产农民和其他劳动者，主要来自河南，白朗义军的群众基础也在于此。这是由绿林义军的地方主义特点决定的。在宝丰、鲁山一带，当地农民把白朗当做下层社会的英雄，把白朗义军看做他们的"保护神"，是下层社会正义的"代表者"，所以村民们"视匪如家人，视兵如仇人。匪在村后，兵在村前，讯之则云并无匪踪，近已三次吃亏"。豫东道许昌县知事卢懋功也说，当地附和白朗军者甚众，"贩夫牧竖，尽为匪人耳目"。

会党和土匪　这类人本来就是现存社会秩序的"反叛者"。他们将白朗视为同道，白朗的势力对他们有着强大的吸引力，他们视强者为好汉，因此或以响应的方式支持白朗，或在白朗势力强大时直接投身于白朗队伍。还在白朗转战豫、鄂、皖边区时，这些地方的大刀会、小刀会、哥老会等就群相响应。1913年10月，白朗在河南邓州时，队伍发展到4000余人，打到舞阳后，与方盛率领的大刀会联合，声势益大。此后，湖北海湖会、天下群英会亦受白朗指使，伺机起事。革命党人季雨霖胞弟季雨霆，"向在哥老会为教学二哥（即军师）"，也投入白朗军中，并且充为头目，领有马步队 1000 余人。白朗攻陷河南光山县得到小刀会的暗中帮助，在陕甘也有不少哥老会响应白朗。

与会党同时响应白朗的土匪，人数更多。1912 年11 月杜启斌等受抚被杀后，部众竞相归附白朗。1913 年夏，豫南一带的李鸿宾、宋老年、丁万松、宋一眼等，"各率党羽与之合杆"，成为白朗军中的重要力量。以后白朗转战各地，多有土匪响应。

军队中的士兵　白朗队伍中的士兵来源有三：一是裁兵，二是溃兵，三是变兵。民国初年中国社会的军事化、军阀混战和政权的分裂，使兵与匪之间的转换成为一种不可避免的现象。士兵被裁员后，因无法找到谋生出路而将当土匪作为一种谋生手段；溃兵多远离故土，既无法回故乡，又难以找到正当职业，习惯了士兵生活再去做穷苦的种田佬又不情愿，于是拿起手中的枪占山为王；军队中官长克扣士兵军饷致使士兵无法生存，于是变兵也屡见不鲜。

白朗在豫、鄂、皖边区活动期间，吸纳的士兵既有徐宝山、阎锡山和湖北第八师季雨霖等解散的大部分兵丁，也有哗变军队，如雷振春有两连士兵投奔白朗，南阳镇守使郭文魁部"投归白狼者甚多"，老河口江南军队"多数官兵投狼匪"。溃兵投归白朗者更难计数，暗通白朗军的亦复不少。河南都督张镇芳下辖 50 营军队，"无一营不与白匪酣战，亦无一营不与白匪暗通"。白朗在河南、湖北等地势如破竹，与这些士兵的归附不无关联。由于白朗军中的士兵与官军士兵彼此认识，官军尚未开拔，就有人将消息报告白朗，使白朗军在战斗中处于主动地位，如光州的情况就是如此。1914 年 3 月，白朗军兵不血刃地攻克老河口之役震动中外，原因是"匪中多系鄂军退伍兵，竟将守军说动，戕其官长，全体变乱，先匪而入老河口，大肆抢劫，匪众继之"。西进陕甘，标志着白朗军声势渐衰，但由于荆紫关守兵 13 营巡防队的归附，陕西凤翔"叛兵"的加入，使白朗军依然保持着强大的战斗力。

革命党人和进步青年 为了借助这支在中州活跃的力量反袁，软弱的革命党人也曾试图与白朗联系。河南及邻省许多反袁的青年学生和一些基层的革命党人，为了反抗袁世凯、张镇芳的疯狂屠杀，纷纷投入白朗军。但这种联合是不成功的，表现在：白朗军东进长江下游，与革命党军队联合的计划没有成功；革命党人既没有给白朗军以建制上组织上的帮助，亦未给予必要的物质支持。尽管在革命党的影响下，白朗也使用了"中华民国抚（扶）汉讨袁军"的旗号，但这只不过是借讨袁的声势争取社会舆论的同情和获取更大的生存空间而已。

白朗军的四类成员，无论是阅历还是精神风貌，都是千差万别的，各自原先所属的利益团体也不同，他们都聚集在白朗旗下，这与白朗军的行为指向——"劫富济贫"是密切关联的。"劫富济贫"是在贫富对立的阶级社会中，广大下层群众在无法通过政治变革改善自己悲惨处境的情况下，很自然地诉诸一种直接的、简单的，同时也更富有破坏性的剥夺剥夺者的方式，这是一种自发的、本能的、没有明确政治目标的农民造反行为。正是这种"以天下富室为库，以天下积谷之家为仓，随处可以取给"的"求富"方式，把广大下层群众吸引到了绿林英雄白朗的麾下。

 传奇英雄的穷途末路

白朗起义是 20 世纪初年最后一次大规模的呈现"流寇"特征的绿林英雄的农民造反，"劫富济贫"是其主要行为指向，这也决定了白朗这位传奇绿林英雄的穷途末路。

白朗公开倡言"劫富济贫"，所到之处皆能实行，并且有比较严明的军纪保证。在荆紫关，白朗军张贴布告称，"嗣后本军过境，尔商民等但能箪壶迎师，不抗不逃，本大都督亦予以一律保护，决不烧杀"。在白朗军所经之处，的确做到了如布告所称的那样。在邻县，白朗亲自将违犯军纪侵犯穷苦百姓的亲信杀死。在白朗本人的绿林生涯中，攻城陷寨，劫洗富豪无数，却从未置房买地，蓄财肥己。据传白朗起事初期，手下的人将掠得的财物用牲口驮至其家，白朗坚辞不受，主张散给贫苦农民。他常说："我白朗不是为买产业才干起来的，只要咱穷兄弟都有吃的有住的，咱自己要房子要地干啥。"正因为白朗以身作则，白朗军才能始终以此为旗帜，从而获得下层民众的欢迎。"该匪以劫富济贫为惟一手段，故所至之处，贫苦小民均极欢迎，并乐为耳目"。在白朗故乡流传这样一首歌谣，表达了广大贫苦农民对白朗的爱戴：

　　老白狼，白狼老，

　　抢富济贫，替天行道，

　　人人都说白狼好，

　　两年以来贫富都匀了。

　　究其一生所为，可以看出，白朗就是想通过四处"劫富济贫"，以实现穷苦兄弟食饱衣暖的均平社会理想。

　　然而，"劫富济贫"是不可能实现均平社会理想的，绿林英雄有其先天的不足。因为"劫富济贫"这种要求产生于不均平的社会，体现着下层劳苦人民对经济、政治地位平等的强烈渴望。但是这种绝对平均的理想由于所蕴涵的反进化因素决定其不可能落地生根，同时在实践上它是以对富庶地区的掠夺和破坏为代价的，贫苦小农可以受惠一时却不能持之以久远，其结果是不但未能改变贫困局面，反而使相当数量农民受兵祸之累而陷入更加穷困的境地。绿林好汉虽与农民血肉相连，是农民的保护神，也得到农民的有力支持，但也有着强烈的地域限制。白朗军崛起于豫西，得到了当地百姓的拥护，而豫西以外的地区，下层民众的反应则较为冷淡，甚至完全持敌视态度。"流寇"式的白朗军在远离故土时，常常陷于孤军奋战的境地，最后在北洋政府军队的围追堵截下溃散、沉寂；"劫富济贫"不能导向革命，它只是下层人民对现行不公正社会的强烈抗议，是对现行社会的破坏，它不可能实现社会变革。

这种种局限决定了绿林英雄白朗失败的命运。

白朗义军自 1913 年 8 月起事进入高潮以后，在豫、鄂、皖交界处以声东击西战术纵横驰骋，倏忽无定，神出鬼没。常常一日夜能强行军二三百里。1914年 1 月，他们连克豫东南的光山、潢川、商城和皖西的六安、霍山，直逼皖中的舒城和鄂东的英山，"如入无人之境"，使袁世凯惊恐万状。为了挽救危局，袁氏将张镇芳（河南都督）、赵倜（护军使）革职，另行委派陆军总长段祺瑞代理河南都督，长驻开封，统一指挥豫、鄂、皖三省正规军两万多人进行会战，企图"聚歼"白朗军。

然而就在北洋军队的重重包围中，白朗率军顺利突破重围，离开安徽，在豫南越过京汉路，进入鄂北，于 3 月 7 日兵不血刃地攻克鄂北重镇老河口，震惊朝野。3 月 14 日又攻克豫、陕交界的荆紫关，打开了进入陕西的大门。白朗义军的节节胜利，使袁世凯政府"劳师糜饷，遗笑中外"。但同时西进陕甘也标志着白朗军声势渐衰，预示着白朗这位传奇英雄穷途末路的到来。

随着与家乡的空间距离的日益增大，白朗军得到的支持越来越少。进入陕西后，虽然"白狼召良"四个字早已在汉水流域传播开来，四面八方的应征者蜂拥而至，但这些人不是农民，而是以前的匪帮和秘密社会成员，以及长期饥饿的难民。进入陕甘后，地方主义在白朗部下中逐渐抬头，以对抗甘肃农民的地方主义。许多人离开故乡之后害起了"思乡病"。对于外省人的不信任感甚至明显地渗入起义军内部关系之中。湖北人总是被另眼看待，过河时，总是先由他们下水以试水流的缓急。白朗完全信任的只有那些来自大刘店的同乡。这种区别对待的做法，在队伍中引起很大不满，因此在返回河南途中，开小差的人很多。正如一个幸存者所回忆的："白朗不肯使用外省人，这是我们失败的重要原因。"

在北洋政府的围追堵截和由陕入甘后回民的顽强抵抗下，白朗军内部出现了不同意见，许多重要骨干主张返回豫西家乡。众志难违，原来主张西进的白朗不得不同意收兵东归。

白朗率军摆脱20万敌军的围追堵截，于1914年7月上旬又通过荆紫关回到豫西，为了避免被官军集中包围，义军化整为零，分为四路活动，但由于官军的重兵围剿和"清乡严洗"，很快被各个击破。

1914年8月初，白朗回到宝丰时，身边只剩下100多个战士。他们与数千名官军进行了两天两夜的战斗。官军被这支隐蔽在山间的几十名疲惫的幸存者所阻。这场战斗是对白朗那令人惊讶的超凡魅力的最后赞颂。8月7日夜晚弹尽粮绝，白朗遣散了所有的战士，只留下贴身保镖，希望借助夜幕得以逃脱，但他意外地被一支巡逻队打死。这位绿林好汉走完了自己传奇的一生。白朗的头颅被割下来，验明正身后送到开封，放置在一只木笼中，悬挂在开封南门示众，警告所有梦想步"白狼"后尘的人们。

然而豫西南的农民对"白狼"是难以忘却的。面对残酷的屠杀，"白狼"的旗帜在数周内又被无数小股的贫苦农民队伍举了起来。他们继续在夜晚"劫富济贫"，而在白天耕地或躲藏起来。

白朗死后，河南当局为了毁坏白朗在人们心目中的英雄形象，委派专人演出剧目，白朗被画成白脸，穿着中国舞台上传统反派角色的服装。然而，结果却适得其反，当局的做法引起愤怒农民的骚乱，遭到他们的抵制。之后百姓编写了自己的剧目，白朗的形象更接近他留在人们心中的真实记忆：英雄人物传统的红脸。到 1949 年，当中国共产党开始进入这一地区时，他们发现，人们仍然怀念着"白狼"，把白朗的队伍同白莲教和红枪会一起看做是过去的"革命团体"。

五 "到农村去"

——轰轰烈烈的农村大革命

1921 年 7 月中国共产党的成立，给中国近代农民运动开辟了新天地。中国共产党自觉地以"下等社会"为根据地，依靠"下等社会"这个"革命事业之中坚"。在她成立伊始，一批早期共产党员就发出了"到农村去"的号召，并以沈玄庐为代表，开始与农民打成一片，在与国民党进行第一次合作的过程中，推动孙中山制定了"扶助农工"的政策。以彭湃和毛泽东为代表的中国共产党人，借助于国民革命统一战线的旗帜，与国民党进步人士一起，引导农民运动进入了一个新阶段——新式农民运动。农村大革命的烈火在南中国熊熊燃烧起来。

 ## 沈玄庐和萧山衙前农民运动

中国共产党在登上中国政治舞台后最早领导的农民运动，是中共早期党员沈玄庐领导的 1921 年浙江省萧山衙前农民运动。这场新式农民运动点燃了中国现代农民运动之火。

沈玄庐，又名沈定一，浙江省萧山县衙前村人，出身于大地主家庭。因排行第三，同乡人又称他为三先生。他出任过知县、知州，又是军阀政府的省议员，在地方上很有势力和影响。但当时的沈定一却信奉马克思主义和阶级斗争。1920年，他与陈独秀等人在上海组织中国共产党上海发起组，成为中共早期党员。上海党的发起组在积极开展工人运动的同时，还重视农民运动。发起组的机关刊物《共产党》曾指出："中国农民占全人口的大多数，无论在革命的预备时期和革命的实行时期，他们都是占重要位置的，设若他们有了阶级的觉悟，可以起来进行阶级斗争，我们的社会革命、共产主义都有了十分的可能了。"沈定一也很重视开展农民运动，他认为："中国机器工人不多，农民在国民中占最大多数，中国底社会革命，应该特别注意农民运动。"为此，他于1921年4月从上海回到了衙前村，专门从事农民运动。

沈定一回到家乡后，首先从办教育入手，从自己家里空出数十间房屋，筹办衙前农民小学。他邀集原浙江第一师范的进步教员刘大白和"一师风潮"中的著名学生领袖宣中华、徐白民、唐公宪等来衙前，一面筹办学校，一面开展农民运动。

他们通过访贫问苦和社会调查，动员穷人将子女送到小学读书，向农民宣传革命道理。他们对农民说，要过好日子必须破除"命中注定八字苦"的思想，农民当牛做马过着如此贫困、痛苦的生活，这都是地主田主掠夺剥削的结果，都是这私有制社会造成的结果。在筹办农村小学时，他们还办起了龙泉阁书报社，出借革命进步的书籍报刊。在衙前小学里，沈定一还经常与教员们学习研究《共产党宣言》等马克思主义著作，共同探讨社会变革问题和农民革命问题。因此，筹办中的衙前农村小学实际上成为开展农民运动的活动中心。

沈定一和农村小学的教员们在进行思想发动时，同农民建立了密切的关系，他们热心为农民排难解忧，得到农民的信赖和拥戴。这年5月，衙前村的一些农民因上年赊去的油菜子钱无法要回，生活窘迫。沈定一就从自己家里拿出一笔钱分给这些农民，并对他们说："这笔钱本来不是我的，这是你们种我的田还来的租，就是你们农人自己的血汗。现在只好算农人帮助农人，不好算我帮助你们。"佃农们听到自己的东家说出这样的话，都极为感动。这样，通过日常生动而又实际的教育启发，农民们开始懂得到了许多革命道理，并从内心里感到，三先生和这班专门从城里跑到乡下的教书先生都是关心他们的疾苦，为他们谋利益的人。因此遇有事情都愿意找三先生等人帮忙解决。

沈定一和农村小学的教员们为了有组织地开展农民斗争，改变农民一盘散沙的状况，就向农民介绍城里工人运动、学生运动的情况，启发农民要团结起来进行斗争。沈定一还经常对农民说："一根麻秆容易折断，一捆麻秆就折不断，大家要团结，人多力量大。"他还说："我好比蟹墩，倷（你们）好比蟹脚，大家爬起来就着力哉！"

在沈定一等人的教育启发下，觉醒了的农民开始积极投入捍卫自身权益的斗争。这年 5 月，在沈定一等人的支持下，农民们捣毁了青黄不接时乘机哄抬米价的"周和记米店"以及附近的米店，迫使粮商恢复原价。接着，他们又通过与绍兴知事的当面说理，争得了原被绍兴官绅把持的萧绍公河西小江的养鱼权和捕鱼权。这些斗争的胜利，使农民们看到了自己的力量，进一步增强了斗争的勇气和信心。

为了唤醒更多的农民投入斗争，沈定一等人从 1921 年 8 月开始，先后在衙前、坎山、航坞山北、塘头等地进行演讲。沈定一在演讲时头戴毡帽，身穿农民服，操着当地的方言土语，讲的道理明白易懂，受到农民的热烈欢迎。沈定一等人在演讲中大声疾呼，希望农民尽快觉悟，不要等待观望，赶快团结起来，组织起来。他向农民指出"国家是劳动者的"，"国家主权归你们掌握"，号召农民为了废除私有财产，实行土地公有，"你们赶快团结呵！你们精密的组织呵！大地主总有一天会投降你们的！"这些演说具有极大的鼓动力量，许多农民都是第一次听到。他们说听了三先生的讲演，真是"如见天日"，因此这些演说的内容也很快在萧绍平原的农村中传播开来。

这时，萧绍各地涌现了一批农民积极分子：萧山县的李成虎、陈晋生、汪四十、朱梅云等；绍兴县的单夏兰、沈阿香、王阿二、陈祝生等。农民积极分子的涌现，为建立农民自己的团体——农民协会作了组织上的准备。这年盛夏，衙前的农民听到了湖南长沙农村有个大荒会专吃大户的消息，议论也要建立这样的组织。沈定一十分赞同，他提议农民应该建立农民协会。从这时开始，衙前村便开始秘密组织农民协会。李成虎是办农民协会最积极的人。办农民协会要有领头的农民，他自告奋勇地说："头我来做，我老了，不要紧的！"他还对大伙说："好要大家好，有要大家有，要少交租有饭吃，就要办农民协会。"因此，在他的积极带头串联并组织下，衙前村农民协会于9月中旬首先建立起来。

经过4个多月的思想发动和紧张筹备，1921年9月，衙前农村小学正式开学，衙前农民协会也正式宣告成立。9月26日，在农村小学的开学典礼上，颁布了《衙前农村小学宣言》。《宣言》明确提出，衙前农村小学将为穷人的儿女提供受教育的机会，学校将坚持无产阶级的教育性质，摆脱和摒弃"为有产阶级训练爪牙的教育"。因此，由沈定一独资创办的这所农村小学，只免费吸收农民子弟入学。开学时有学生100余名，分设5个班，一边学文化，一边学习革命道理。

9月27日，衙前及附近一些村子的农民在衙前东岳庙隆重集会，宣告衙前农民协会正式成立。会议发布了经全村农民议决的衙前农民协会《宣言》和《章程》。《宣言》指出：世界上的土地应该归农民使用；土地应该归农民所组织的团体保管分配。《章程》共14条，明确指出"本会与田主地主立于对抗地位"。在这次成立大会上，还民主选出了衙前农民协会领导。

衙前农民协会的成立以及《宣言》、《章程》的发布，有力地推动了萧绍各地农民协会的建立，标志着衙前农民运动发展到一个新的阶段。

衙前农民协会成立以后，萧绍农民听说组织农民协会可以少交租，无不欢欣鼓舞，奔走相告，都仿照衙前筹建自己村的农民协会。各地纷纷派人来衙前，有的索取《宣言》和《章程》，有的要见三先生，还有的要请三先生等去演讲。每天来五六百人，有的步行，有的摇着大船来。《宣言》和《章程》分发完后，一再重印。农民们拿到"红绿告示"（即《宣言》和《章程》）后高兴地说："这张纸头可是个宝贝，是减租的把柄，地主来收租，拿出来一照，地主就二话没说了。"

在短短的一两个月中，萧绍地区先后共有 82 个村建立了农民协会。在这个基础上，11 月 24 日成立了衙前农民协会联合会。

农民协会成立后，领导农民开展了抗租减租斗争。衙前农民协会联合会还发出告示，作出"三折还租"的决议（即按原租额的三折交租）；规定改大斗为公斗（每斗 15 市斤）量租；取消地主下乡时要佃农负担的"车脚费"；反对交预租，提出种当年地，还当年租，看年成好坏还租。这些减租规定，保护了农民的利益，减轻了农民的负担，因此减租斗争得到广大农民群众的热烈欢迎。

减租决议公布后，沈定一首先带头从自家开始减租，扩大了影响。各地开始减租后，地主田主上门收租时，佃户往往就说"先议定租水，再交租"，如果不合农民协会的"三折还租"等规定就拒交。但是地主也常常威胁佃户说："你们不交租，门板也要拆。"佃农因有农民协会做主，有三先生等人支持，坚决要求减租。萧山南沙二三十个村还联合发表了《萧山南沙组织农民团体宣言》，决心不怕牺牲，誓与地主豪绅斗争到底。这时地主因收不到租，也联合起来，一次集中了80余只收租船，同时分头向农民收租。农民协会闻讯后，立即鸣锣，聚集了1000余农民，高呼斗争口号，向收租船掷泥块石块，吓得地主不敢上岸收租，迫使他们空船狼狈逃走。各地不断发生扣留或捣毁收租船的事件，有的不法豪绅因强行逼租而遭到农民的痛打。为了扩大抗租减租声势，各地农民协会还联合组织农民到萧山、绍兴县城进行"跪香请愿"，要当局体察民情，下令减租。其中规模最大的一次是以单夏兰为首的千余农民到绍兴县城的请愿。虽然这次请愿遭到反动军警的殴辱和驱赶，但扩大了政治影响。

在农民群众的坚决斗争下，地主豪绅已失去了昔日的威风，许多地主吓得不敢出门收租，有的同意佃农三折还租的要求，有的还向减租农民求情说好话。三折还租以后，许多农民原来一年到头吃糠咽菜，现在第一次看到了完租后剩下的稻谷，全家欢天喜地。萧绍地区风起云涌的农民抗租减租斗争，搅动了地主阶级的酣梦。他们惊恐万状，并暗中勾结军阀官吏镇压农民运动。1921年12月18日，正值衙前农民协会联合会在东岳庙开会时，100余名全副武装的官兵包围

农民运动史话

了会场，逮捕单夏兰、陈晋生和龙泉阁书报社管理员孙继良等3人，打伤3人，并搜去了各村农民协会委员的总名册。随后，反动当局派人搜缴农民协会宣言、章程、会员名册等文件，封闭了农协干部的住宅，严禁农民集会演说，强行解散农民协会，并逮捕了农协委员李成虎。方兴未艾的衙前农民运动，在反动派的武装摧残下陷入低谷。

李成虎被捕后，在狱中遭受严刑审讯，但他始终坚贞不屈。1922年1月24日，李成虎在萧山县狱中被凌虐致死。李成虎是中国现代农民革命中第一个倒下去的英勇无畏的斗士。他牺牲后，遗体运回来，由沈定一出资，葬在衙前村的凤凰山麓。后人为了纪念这位农民运动的积极分子，在他的墓碑上写道：

　　　　四山坟墓堆里，找不到第二具；
　　　　中国农运史上，这位推第一人。

衙前农民运动，标志着中国现代农民运动的开启。它表明在中国共产党的领导下，中国近代农民运动开始走出旧式农民造反的死胡同，进入有领导、有组织、有目标的新式农民运动阶段。它不仅打击了当地的封建势力，而且显示了中国农民中蕴藏着极其丰富的能量，帮助和教育了先进分子，使他们从实践中进一步认识到农民在中国民主革命中的主力军作用。正如衙前农民运动领导人之一的宣中华当时著文所指出的：农民一旦组织起来，将成为一支强大的革命力量，"如果有人同他们一招呼，一提醒，则枯草遇火，不论山上的、地上的、田里的，都大大地燃烧起来，迎风施威，将不能或遏了！"他还指出："包含着三四万万农民的中国，农民数目要占人口数百分之七十以上的中国，如果主张无产阶级革命的，仍然把农民遗弃了，这仍是农民的敌对，农民的侵害者！"

"农民运动大王"和广东农民运动

大革命时期全国农民运动最早的中心是广东。广东农民运动的兴起和发展与中国共产党领导农民运动的先驱、有"农民运动大王"之称的彭湃是分不开的。

彭湃（1896～1929），出身于海丰的一个大地主家庭。诚如彭湃在《海丰农民运动报告》中自述："我的家庭在海丰县可以算做大地主，每年收入约千余担租，共计被统辖的农民男女老幼不下千五百人，我的家庭男女老少不下三十口，平均每一个人有五十个农民做奴隶。"但国破民危的社会现实，使彭湃最后成为封建大家庭的"背叛者"。1921年，他完成学业从日本回国后，加入了社会主义青年团，在海丰组织了社会主义研究社等团体，并任海丰劝学所所长（次年初改为教育局）。他试图"从教育入手"去改造社会，但现实却使他碰壁，在守旧势力的反对下，他被撤去教育局长的职务，尝试遭到失败。这对彭拜来说，实在是一件好事，正如他自己所说，是"如释重负"。从此，彭湃开始了一个新的探索，把注意力转到工农方面。

为了唤醒工农，彭湃办起了自己刻写的一份油印刊物——《赤心周刊》，于 1922 年 5 月 14 日出版了第一期。《赤心周刊》"自命是工农群众喉舌"，它的目的在于向学生宣传，要求他们去发动和组织工人、农民，进行社会革命。这份刊物在一些学生中产生了影响，但作为文字刊物，它的影响还只限于"有智识的人"，而广大工农群众并没有直接从中得到什么启示，正如彭湃后来承认，"《赤心周刊》背后绝无半个工农，街上的工人和农村的农民也绝不知我们做什么把戏"。为此，彭湃开始认识到，要唤醒工农，发动工农，就必须到群众中去，尤其要到农民中去进行农民运动。因此彭湃在《赤心周刊》第六期发表了《告农民的话》后，"下决心到农村去做实际运动"。

1922 年 6 月，彭湃开始从事农民运动。在开始的时候，他碰到来自三个方面的困难：农民不愿意和彭湃接近，把他当做收租先生；家庭的阻挠和反对；地主豪绅的攻击和社会舆论的嘲讽。面对这些困难，彭湃并不气馁。对于家庭的阻挠和豪绅的攻击，他不予理会。他说："川流百折终到海，不怕拐弯，只怕不动，若是永远不歇的动，一定成功的。"他正是以这种坚韧不拔的精神，去克服农民运动开展过程中的重重障碍。

为了使农民能够接近自己，彭湃穿起朴素的粗布衣裳，戴上竹笠，光着脚板。他决定暂时不到乡村去找农民个别谈话，而是选择了龙山脚下天后庙前的十字路口做宣传点。这里是赤山、北笏、赤一岸、河口等约农民往来的必经之地。庙前有一棵大榕树，郁郁葱葱，是盛夏时节农民歇脚的好地方。彭湃常携带着留声机，放音乐给农民听，吸引了许多群众。他还将地主压迫剥削农民的事实编成歌谣，自己唱，也教附近牧童唱，借以吸引过路农民。下面这首歌谣，就是彭湃编写的：

冬呀！冬！冬！冬！

田仔骂田公！

田仔耕田耕到死，

田公在厝食白米！

做个（的）颠倒饿，

懒个（的）颠倒好！

是你不知想！

不是命不好！

农夫呀！醒来！

农夫呀！勿戆！

地是天作！

天还天公！

你无分！

我无分！

有来耕，

有来食！

无来耕，

就请歇。

当围拢的农民多的时候，彭湃就向农民进行宣传。一连半个月，每天都听彭湃演讲的农民由十多人增至三四十人，与彭湃交谈的由三四人增至十余人。

接着，彭湃又放下知识分子的架子，直接与农民一起生活。当时正是农忙季节，彭湃到田间和农民一起劳动，在与农民接触中向农民宣传或个别谈话。他向农民说明"痛苦的原因，及救治的方法，并举出地主压迫农民之证据及农民应有团结之必要"。他有时帮农民插秧种田，有时帮农民牵牛荷锄，有时携带留声机唱给农民听，就是狂风烈日也坚持不懈。

功夫不负有心人，彭湃的演讲与谈话开始在农民中产生反响。7月29日这一天，彭湃在演讲中认识了觉悟较早的农民张妈安，并通过他认识了林沛、林焕、李老四、李景等农民。他们六人越谈越投机，深感有必要组织起来，结成团体。李老四提议说："我们几个先成立一个农会。"彭湃说："好极了。"其余的人也一致赞成，当即组成了"六人农会"。当晚由彭湃主持共同宣誓，要服从指挥，严守秘密，为农民的利益奋斗到底。这样，海丰县第一个有组织、有纪律的农会——"六人农会"便建立起来了。"六人农会"的成立，是彭湃从事农民运动的一个新的开端。

"六人农会"成立后，彭湃就深深地在农民中扎下了根。张妈安等五位农民成为彭湃发动农民的依靠力量和主要助手。

张妈安等一方面进行串联，介绍志同道合的农民同彭湃认识，扩大彭湃与农民的联系；一方面又带领彭湃到赤山约的各个乡村开展宣传。在彭湃的帮助下，张妈安和林沛也学会了演说，这就更方便了他们发动农民工作的展开，接近他们的农民不断增多。农会会员很快就增加到30多人。

农会有了一定的群众基础后，单靠个人进行宣传发动农民的工作已经不能适应农民运动发展形势的需要了。彭湃又通过农会组织为会员谋利益，以农会名义替农民群众办公益事业等方法，来树立农会的威信，扩大农会在农民中的影响。如农会规定会员之间反对"互相夺耕"，采用"同盟非耕"方法对付地主"加租易佃"，替农民治病，调解农民内部的纠纷，反对城里的土豪剥削农民的码头捐，等等。农会由于切实为农民谋利益，威信越来越高，影响越来越大。农会会员很快发展到500多人，赤山约所属28个乡村，都有农民加入农会，成立赤山约农会的时机已成熟。

1922年10月25日，赤山约农会正式成立，发表了《宣言》和《农会利益》传单，并建立了农会的领导机构。

《农会利益》传单实际上是赤山约农会的斗争纲领和工作范围，包括17条：①防止田主升租；②防止勒索；③防止内部竞争；④呈请减租；⑤调和争端；⑥救济疾病；⑦救济死亡；⑧救济孤老；⑨救济罹灾；⑩防止盗贼；⑪禁止烟赌；⑫奖励求学；⑬改良农业；⑭增进农民知识；⑮共同生产；⑯便利金融；⑰抵抗战乱。

这17条都关系到农民的切身利益，详尽而具体地向农民宣传了农会的好处，因此很受农民的拥护，扩大了赤山约农会的影响。

赤山约农会成立后，一面继续宣传和发展农会组织，一面举办了一些深受农民欢迎的公益事业。如农会在海丰县城大街办起了一间农民医药房，凡农会会员看病，凭会员证不收诊费，药费仅收一半。农民医药房开办以后，许多农民的疾病得到及时治疗，大大改善了农民长期以来缺医少药的状况，因此很受农民欢迎。

赤山约农会有较为严密的组织和明确的斗争纲领，又兴办了有利于农民的公益事业，使农民群众直接看到了农会的好处，从而吸引了更多农民参加农会。赤山约的星星之火，在整个海丰大地迅猛地形成燎原之势。

彭湃投身于农民运动的决心和行动，在其地主家庭及地主营垒中引起了轩然大波，他们的兄弟也因此与之分家。但各种责骂、反对和中伤都不曾动摇他的坚强意志。彭湃把自己分得的全部田契租约当众烧毁，并通知佃户"以后自耕自食，不必再交租谷"。而他与妻子则过着俭朴的农民生活。这使他更加获得了农民的信任。在彭湃的领导下，赤山约农会迅猛发展。到1922年底，全县共成立12个农会，入会农民约10万人，占全县人口的1/4。经过彭湃的广泛联络，1923年元旦，在海丰县城召开了全县农民代表大会，正式成立了海丰县总农会，选举彭湃为会长，杨其珊为副会长，组成了由各约农会负责人参加的领导机构。彭湃为总农会设计了会旗，起草了《海丰总农会成立宣言》、《总农会临时简章》、约农会章程及宣传农会利益的传单，由此实现了全县农民运动的统一。

在海丰总农会的影响和推动下，陆丰、惠阳一带也建立了农会组织。到1923年5月，海丰、惠阳、陆丰三县农会会员达20余万人，海丰总农会扩大为惠州农民联合会，彭湃为会长。同年6月，以彭湃为会长、郑重为副会长的陆丰县总农会正式成立。7月，农会组织又在潮州、普宁、惠来等县有所发展，遂改惠州农民联合会为广东省农会，彭湃为执行委员长。彭湃参照社会主义青年团章程，为广东省农会起草了《广东农会章程》。至此，农会影响扩大到东江、韩江地区。

随着各级农会组织的不断健全、扩大，广大农民在农会的统一领导下，开展了经济、政治、文化等方面的反封建斗争。鉴于当时的具体情况，农会领导农民开展了大规模的减租斗争、争取永佃权斗争及反对额外剥削斗争。农会领导农民"同盟非耕"（即佃农全体罢耕），与地主展开了夺佃与反夺佃的斗争；为了减租，农会联络佃户一致行动，实行"辞田罢耕"；为了对付地主"总吊田"（全部收回耕地）的恐吓，彭湃召集农会执委会针锋相对地作出决定，如会员被地主吊田，即由农会每斗种帮银2元，并为其介绍职业或择地垦荒。农民深受鼓舞，斗志更旺，使得地主被迫答应农民的减租要求。海丰农民大规模地开展减租斗争，不仅限制了地主对农民的剥削，还大大加强了农民之间的团结，使他们进一步认识到团结组织起来的巨大力量。

海丰农民运动的蓬勃开展，引起了地主豪绅阶级的惶恐不安。他们勾结军阀，于1923年农历七月初五凌晨，袭击县总农会，逮捕农会干部杨其珊等25人，将所有文件及财物抢劫一空，又武装封闭了农会会所，张贴布告，解散农会，通缉会长彭湃等人。这就是轰动一时的"七五"农潮。

事件发生后，彭湃离开海丰，转至老隆、香港、汕头等地活动，为营救入狱的农友四处奔波。同年底，彭湃利用陈炯明回乡省亲之际，几经交涉，迫使当局释放被捕的农友并准予恢复农会。但由于"七五"农潮所遭受的巨大挫折，海丰农民运动的第一次高潮已经过去。

彭湃领导的海丰农民运动是中国共产党初期领导的一次规模和影响最大的农民运动，它点燃了广东现代农民运动之火，为中国农民运动的发展积累了丰富的经验。

1924年1月国共第一次合作后，彭湃先后担任国民党中央农民部秘书，农民运动讲习所第一届、第五届主任，国民党广东省党部农民部部长等职务，亲自领导了广东全省农民运动，借助于国民革命统一战线的旗帜，与其他共产党人和国民党左派一道，将广东农民运动推向高潮，使其成为大革命时期全国农民运动最早的中心。到1925年5月，广东全省已有22个县建立了各级农民协会。是年5月10日，广东省第一次农民代表大会在广州召开，正式成立了中国第一个省级农民协会——广东省农民协会。广东省农民协会成立后，农民运动发展得更为迅速。到 1926 年 5 月第二次农民代表大会召开时，全省 90 个县中，有 66 个县建立了各级农民组织，会员达 62.64 万人，农协领导的群众达 300 万人以上，广东农民运动成为"全国之楷模"。

在广东农民运动的推动下，全国各地农民运动也迅速开展起来。据 1926 年 6 月国民党中央农民部的调查统计，全国 12 个省的农民协会会员达 98.1 万人，"在珠江流域的如广西，在长江流域的如湖南、湖北、安徽、四川，在黄河流域的如山东、河南、直隶及至热河、察哈尔、绥远等别区，均有农民运动的兴起"。

以广东为中心的农村大革命的展开，不仅打击了农村的封建势力，减轻了农民的负担，而且稳固了国民革命的中心——广东，推动了北伐战争的进行，使国民革命在短时间内迅速达到高潮。伴随北伐战争的胜利推进，全国农民运动的中心也由广东转移至湖南。

 毛泽东和湖南农民运动

湖南农民运动的兴起和发展是与被誉为"中国农民运动之王"的毛泽东的领导分不开的。

毛泽东（1893～1976），出生于湖南湘潭一个农民家庭，从小对农民就比较熟悉。早在 1919 年 7 月 28 日，他就在《民众的大联合》一文中，号召农民联合起来，解决自己的问题。他说："种田的诸君！田主怎样待遇我们？租税是重还是轻？我们的房子适不适？

肚子饱不饱？田不少吗？村里没有田作的人吗？这许多问题，我们应该时时去求解答，应该和我们的同党结成一个联合，切切实实彰明较著的去求解答。"

1921年7月中国共产党成立后，毛泽东主持的湘区党组织在主要领导工人运动的同时，也开始从事农民运动。1923年毛泽东从常宁水口山工人中选派刘东轩、谢怀德二人回到家乡白果开展农民运动。当年9月中旬，在白果召开了一万多人的农民大会，成立了湖南第一个农民组织——岳北农工会，并开展平粜和阻禁地主外运粮食及棉花的斗争，会员迅速发展到10万多人。农会斗争坚持到11月下旬，在军阀势力和地方反动武装、土豪劣绅的联合镇压下，转入秘密状态。岳北农民运动埋下了湖南农民运动的第一颗火种。

1925年2月，毛泽东从上海回到湖南后，组织领导了湘潭地区的农民运动，先后在韶山、银田寺一带建立了20多所农民夜校，宣传革命真理，成立雪耻会20多个，声援五卅运动。当年6月成立中共韶山支部，11月又成立湘潭特别区农民协会，推动了全省农民运动的发展。同年12月1日，毛泽东发表了《中国社会各阶级的分析》一文。1926年1月1日，他又发表了《中国农民中各阶级的分析及其对于革命的态度》一文。在这两篇文章中，毛泽东对于中国农民各阶级阶层进行了初步的阶级分析，并且明确提出广大农民是"我们真正的朋友"。毛泽东在这两篇文章中对农民所作的阶级分析，是中国共产党内以至整个中国近代史上第一次对这个问题作出的比较系统的阶级分析，对于当时的农民运动及后来正确分析农村各阶级产生了重要的影响。

1926年5月至9月，毛泽东在广州主办了第六届农民运动讲习所，培养了一批农民运动骨干。其中一部分回到湖南，极大地促进了湖南农民运动的发展。到北伐出师前夕，湖南已有农民协会会员40万人，能直接领导的群众达100万人以上，为北伐战争的顺利进行奠定了较好的群众基础。5月至6月间，毛泽东在讲习所讲授《中国农民问题》时，明确提出"中国革命的中心问题是农民问题"。9月1日，毛泽东在《国民革命与农民运动》一文中，更充分地阐述了这一问题："农民问题乃国民革命的中心问题。农民不起来参加并拥护国民革命，国民革命不会成功；农民运动不赶快的做起来，农民问题不会解决；农民问题不在现在的革命运动中得到相当的解决，农民不会拥护这个革命。"

1926年11月，毛泽东到上海担任中共中央农民运动委员会书记，开始领导全国农民运动。12月，毛泽东应湖南农民代表大会之邀，回到长沙参加湖南省第一次全省农民代表大会，并发表讲话，从工农商学联合战线的角度，再次论述农民问题的重要性。他说："国民革命是各阶级联合革命。但有一个中心问题，国民革命的中心问题就是农民问题，一切都要靠农民问题的解决。"

这时，在北伐战争胜利进军的推动下，席卷全国的农村大革命风暴已经来临，湖南成为这场风暴的中心。到1927年1月，农会会员发展到200余万人，4月又激增到518万多人，能直接领导的群众达2500万人。在农会的领导下，千千万万农民被发动和组织起来，向着不法地主和土豪劣绅展开猛烈的攻击。他们把几千年的封建地主特权打得落花流水，使农民协会成为乡村的唯一权力机关，做到一切权力归农会；他们开展减租减息、退押等项斗争，提高了自身的经济地位；他们拿起梭镖、长矛和大刀，打倒地主武装，建立了农民自卫队；他们展开政治宣传攻势，兴办农民学校，推翻了束缚在他们头上的族权、政权、神权等压迫，进行了一场深刻的思想革命。中国几千年专制政治的基础开始动摇了！沉睡了几千年的农村发生了翻天覆地的大变动！农民们千百年来第一次扬眉吐气，他们正昂首阔步地奔进在通向翻身解放的大道上！但"农民在乡里造反，搅动了绅士们的酣梦。乡里消息传到城里来，城里的绅士立刻大哗"。

国民党右派和土豪劣绅极力诬蔑农民运动，攻击农民运动是"惰农运动"、"痞子运动"，"糟得很！"共产党内也有人认为农民运动"过火了"。为了回应这些诬蔑和责难，毛泽东从 1927 年 1 月 4 日到 2 月 5 日，到湘潭、湘乡、衡山、醴陵、长沙五县，对湖南农民运动作了考察，随后写出了《湖南农民运动考察报告》。

在这个考察报告中，他热烈地称赞农民运动"好得很"，完全没有什么糟，也根本不是什么"痞子运动"、"惰农运动"，而是"革命先锋"，给了农民以坚决的支持。在 1927 年 2 月 16 日给中央的报告中，毛泽东明确提出土地问题"已经不是宣传的问题而是立即实行的问题"。

在考察了湖南农民运动之后，毛泽东回到武汉，1927年3月7日到6月18日，在武昌主办了中央农民运动讲习所。这期间他还参加了国民党二届三中全会、土地委员会第一次扩大会议和中共五大，主持了全国农民协会临时执行委员会的工作。毛泽东在这一段时间极力主张解决农民土地问题，并放手让湖南、湖北农民自己解决土地问题。毛泽东认为，解决土地问题应该分两步：第一步，政治没收，即"没收土豪劣绅军阀等等的土地"；第二步，经济没收，"凡自己不耕种而出租于他人的田，皆行没收"。在中共五大上，毛泽东提出"迅速加强农民斗争"的要求。

但是蒋介石发动了四一二反革命政变，国民党右派举起屠刀挥向中国共产党和广大革命的工农群众，土豪劣绅也乘机反攻倒算。如湖南的土豪劣绅利用团防，勾结土匪，大肆屠杀农民，仅在"马日事变"的两天之内，长沙一带被杀害的农民就达一万多人，无数农协会员倒在血泊中。全国各地农民运动陷入了低谷，笼罩在一片白色恐怖之中。在这种险恶的形势下，毛泽东一面领导全国农协临时执行委员会，同国民党右派和土豪劣绅对农民的疯狂反扑进行斗争，一面提出"上山"的主张，认为"上山可以造成军事势力的基础"，可以保存革命力量。但这个主张没有被中央所采纳。1927年7月15日，汪精卫在武汉公开叛变革命，大革命惨遭失败，轰轰烈烈的农民运动也随之失败了。

"糟得很"还是"好得很"

　　大革命时期的农民运动是中国共产党成立后领导的现代农民运动的开始。广大农民在以中国共产党为代表的先进分子的领导下，在国共合作所促成的国民革命的大好形势下，在农民协会的组织下，挣脱旧式农民运动的束缚，开始走向翻身解放之路，成就了辛亥革命未曾成就的事业——动摇了中国几千年封建专制统治的基础，初步实现了"农村大变动"。

　　广大农民在中国共产党的领导下，开展了轰轰烈烈的乡村民主革命，不仅从政治上和经济上打击了乡村封建统治，而且对乡村根深蒂固的封建旧文化给予了猛烈的冲击和荡涤。其表现主要有以下几个方面。

　　首先，作为革命主体的农民开始实现自身的文化转型。"民主革命的文化迅速传播到穷乡僻壤的男女老少之中，'打倒帝国主义，打倒军阀，打倒贪官污吏，打倒土豪劣绅'这几个政治口号，真是不翼而飞，飞到无数乡村的青年壮年老头子小孩子妇女们面前，一直钻进他们脑子里去，又从他们脑子里流到他们的嘴上"。更重要的是，在革命运动中，农民不再是简单地打倒，而是开始以新的政治文化作为反对封建势力的思想武器。毛泽东描绘道："孙中山先生那篇遗嘱，乡下农民也有些晓得念了，他们从那篇遗嘱中取出了'自由'、'平等'、'三民主义'、'不平等条约'这些名词，颇生硬地应用在他们的生活上。一个绅士模样的人在路上碰了一个农民，那绅士摆格不肯让路，那农民便愤然说：'土豪劣绅！晓得三民主义么！'长沙近郊菜园农民进城卖菜，老被警察欺侮，现在农民可找到武器了，这武器就是三民主义。当警察打骂卖菜农民时，农民便摆出三民主义以相抵制，警察没有话说。"虽然农民接受的民主思想尚处于十分简单的层面，运用得往往也非常生硬，但说明农民在革命中使自己的灵魂得到了重塑，这对数千年来一直浸泡在传统政治文化中的农民来说，是一个了不起的飞跃。

其次，扫荡了旧的封建文化，改变了既存的政治文化环境。革命冲击和荡涤了地主、官府压迫农民天经地义、神圣不可动摇的传统政治信念。"一切从前为绅士们看不起的人，一切被绅士们打倒在泥沟里，在社会上没有了立足地位，没有了发言权的人，现在居然伸起头来了"。这种以传统眼光看来大逆不道的现象，在革命中就被认为是理所当然的了。在几千年的中国历史上，农民惧怕乡绅，更惧怕以暴力为支柱的官府，然而官府权威的神圣光环在革命中被打破。在农民运动兴起的地方，"警备队、警察、差役，一概敛迹，不敢下乡敲诈，从前乡里人惧怕城里人，现在城里人怕乡里人。尤其是县政府豢养的警察、警备队、差役这班恶狗，他们怕下乡，下乡也不敢再敲诈"。同时，革命冲击和荡涤了作为封建文化基础的家族主义和迷信意识。农民革命首先打翻作为一切权力基干的地主政权，地主政权既被打翻，"族权、神权、夫权便一概跟着动摇起来"。与此相适应，则是对家族主义和迷信意识的冲击。毛泽东叙述道："农民运动一起,许多地方,妇女跟着组织了乡村女界联合会,妇女抬头的机会已到,夫权便一天一天地动摇起来。""农会势盛地方,族长及祠款经管人不敢再压迫族下子孙",压迫束缚人的族规族习被打破。革命动摇了长期以来"信八字望走好运,信风水望坟山贯气"、请菩萨、敬神灵等迷信意识的神圣性。

反对封建势力的农民革命风暴真正实现了农村大革命,从这一意义上讲,农民运动"实在好得很"。

但作为一场规模宏大的革命运动,大革命时期的农民运动也并非十全十美,也确实存在着一些相当严重的过火行为。大革命后期农村中普遍流行着"有土皆豪,无绅不劣"的说法。有的地方把有田 50 亩以上者一律视为土豪,穿长衣褂子者一律视为劣绅,对这些人惩罚"愈激烈愈容易通过"。在北伐时期,农民协会对北伐军军官亲属的土地和财产,也是不分青红皂白地同样没收,对他们的亲属同样逮捕。在人民生活方面,农民协会强迫寡妇改嫁,强迫妇女剪头,禁止抬轿子,禁止农民喂鸭,禁止演戏,等等。这些"左"倾错误,在一定程度上妨碍了统一战线和北伐战争的胜利发展,为国民党右派的叛变提供了借口;导致了革命队伍内部的种种纷争与冲突,削弱了革命力量,有利于反动势力的扩张;直接损害了共产党的声誉,因为农民运动主要是中国共产党直接领导的。但是我们不能据此就认为农民运动"糟得很",一无是处。陈独秀看到了农民运动中的不足,却采取了压制的态度,而不是正确地引导，结果加重了农民运动的失败；国民党右派全盘否定农民运动，诬蔑农民运动"坏得很"，将屠刀举向广大农民，将自己的统治基础建筑在乡村土豪劣绅之上，这就决定了国民党政权必然失去农民的支持，并最终为广大农民所抛弃。

大革命时期的农民运动虽然失败了，但是共产党人却从中看到了农民的巨大力量。他们从血泊中站起来，掩埋好同伴的尸首，并由城市向农村转移，开始了新的战斗。

六 "星星之火，可以燎原"
——共产党领导的土地革命

1927～1937 年，中国共产党吸取大革命的经验教训，独立领导根据地农民开展了热火朝天的土地革命，开辟了一条适合于中国国情的革命道路——"农村包围城市，武装夺取全国政权"。但由于王明"左"倾冒险主义路线长期指导中国共产党，最后使土地革命遭到挫败。

"霹雳一声暴动"

"农村包围城市，武装夺取全国政权"的革命道路是由毛泽东上井冈山最先开辟的。土地革命是以红色武装暴动的形式拉开序幕的。

1927 年春夏，蒋介石、汪精卫相继叛变革命，把屠刀架到中国共产党和广大工农群众的脖子上。在这生死存亡的危急关头，毛泽东开始把中国农民问题与武装暴动放在一起考虑，提出上山闹革命的策略思想。

1927 年 7 月 4 日，在武汉召开的中共中央常委扩大会议讨论湖南工农武装出路时，毛泽东主张"上山"，认为"上山可以造成军事势力的基础"。

8月7日在汉口召开了中共中央紧急会议。会议总结了大革命失败的经验教训，结束了陈独秀在中共党内的领导，确立了实行土地革命和武装反抗蒋介石屠杀政策的总方针，并把发动秋收起义作为当前党的最主要的任务。毛泽东在这次会议上第一次提出了"枪杆子里面出政权"的论断。他提醒全党，"以后要非常注意军事，须知政权是由枪杆子取得的"，"比如秋收暴动非军事不可"。

毛泽东"上山"思想的主要内容是由共产党领导农民没收封建地主阶级的土地分配给农民，这是与旧式的"占山为王"思想的本质区别。早在秋收起义前，毛泽东就提出，秋收暴动的发展，是土地革命，"要能全部抓着农民，必须把地主的土地分给农民"，"党对农民的政策，应当是贫农领导中农，拿住富农，整个推翻地主制度的土地革命"，"没收土地的办法，是由革命委员会（我们的党）制定一个土地政纲，交农协或基层革命委员会执行。土地分配以区为单位，由农协按'工作能力'与人口（消费量）两个标准公平分配，对被没收地主要给以生活出路，能够耕种的，给予农民同等数量的土地；丧失劳动力的老弱病残，则由农协征得的农业税内给予补助"。毛泽东的这个土地革命的初步方案，虽在秋收起义过程中由于军事受挫未能实现，但为以后在井冈山开展的土地革命提供了初步设想。

1927 年 8 月 30 日，毛泽东被湖南省委委任为中共湖南省委前敌委员会书记，全权领导和指挥秋收起义。

毛泽东将参加秋收起义的革命武装编为工农革命军第一军第一师，并公开竖起共产党的旗帜，掀起了秋收起义的狂飙。

1927 年 9 月 9 日，秋收起义爆发了。秋收起义部队占领了修水、铜鼓等几个县城。

> 军叫工农革命，
>
> 旗号镰刀斧头。
>
> 修铜一带不停留，
>
> 要向平浏直进。
>
> 地主重重压迫，
>
> 农民个个同仇。
>
> 秋收时节暮云愁，
>
> 霹雳一声暴动。

毛泽东的这首《西江月》，形象地反映了秋收起义的宗旨，揭示了起义的原因及简略经过。然而起义部队在敌人的反扑下遭受挫折。在这种情况下，毛泽东果断放弃了原定进攻长沙的军事计划，通知各路起义军到文家市会师。在文家市前敌会议上，毛泽东根据地方党组织提供的井冈山的情况，决定沿湘赣边南下，向罗霄山脉中段——井冈山进军。文家市会师的意义在于它实现了一个伟大的战略转变——从城市撤退，向农村进军。

离开文家市，毛泽东与工农革命军的指战员一路跋山涉水，过芦溪，下莲花，于 9 月 29 日到达永新县的三湾村。为了改造这支以农民为主体的革命队伍，毛泽东在三湾对部队进行了改编，确定了"党指挥枪"的原则，把党支部建在连上，加强了共产党对军队的绝对领导，以保证用无产阶级思想指导农民革命。共产党领导的工农武装深入农村后，"若不给以无产阶级思想领导，其趋向会是错误的"。经过三湾改编，这支部队成了一支新型的人民军队。在以后的斗争中，中国共产党始终不忘用无产阶级思想去"教育农民"，使广大农民在现代政治文化的浸润下逐渐实现由传统农民向现代农民的转变，保证了现代农民运动以对社会进行根本变革为自己的指归。

毛泽东带着这支新型的军队，于 1927 年 10 月 3 日进入宁冈古城，在这里召开了前委扩大会议，作出了著名的古城决策：在以宁冈为中心的罗霄山脉中段积极开展武装斗争，实行湘赣边界工农武装割据，广泛发动群众进行土地革命，开创罗霄山脉中段红色政权，建立井冈山革命根据地。

10 月 7 日，毛泽东率部继续南下，经茅坪插向湖南酃县，接着回师东向，于 10 月 27 日进驻井冈山中心地区——茨坪。

井冈山的斗争，从此出现了一个崭新的局面：

遭受严重破坏的湘赣边区各县党组织重新建立起来了。

出没于井冈山地区，霸山为营，据险扎寨的袁文才、王佐两支农民自卫军得到了改造，成为工农革命军第二团，部队中原有的绿林习气及浓厚的农民意识逐渐得到改造，袁、王二人不久相继加入了中国共产党。

边界地区的赤卫队、工农暴动队等地方武装和农民协会等农民自治组织纷纷建立，广大农民被充分动员起来。茶陵、遂川、宁冈等县称为"工农政府"的红色政权也随之建立起来。一向低眉顺眼的农民在政治上翻了身。井冈山革命根据地发生了翻天覆地的变化，红旗插遍了湘赣边界。

在红色政权的领导下，在工农武装的保护下，在农民协会的组织下，广大农民积极参加打土豪、分田地的土地革命运动。土地革命在根据地有步骤、分阶段地如火如荼地铺展开了。

从1927年10月到1928年2月，主要是打土豪、分浮财、废债约。这样做既是为了筹款，也是为了发动农民群众，为以后分田地作准备。

从1928年2月起，宁冈、大陇等地开始插标分田。1928年5月，湘赣边界第一次党代表大会在宁冈茅坪召开，大会讨论了深入进行土地革命问题，吹响了向全面分田进军的号角。1928年6月的龙源口大捷，推动了全面分田的进行。仅在5、6、7三个月时间里，宁冈全县、莲花县大部分地区和永新、遂川、酃县等县的部分地区，都普遍分了田。获得了土地的农民喜气洋洋地放声歌唱："土地回老家，合理又合法"，"跟着毛委员，工农坐天下"。

在土地革命实践中，毛泽东注意从井冈山的实际出发，总结实践中的经验教训，在此基础上于 1928 年 12 月颁布了中国共产党历史上第一部土地法——《井冈山土地法》，用法律的形式肯定了农民对土地的使用权。《土地法》明确规定："没收一切土地归苏维埃政府所有"；以人口为标准，男女老幼平均分配；禁止买卖土地。这部土地法虽然存在着不少缺陷，如规定没收一切土地，但它的颁布，极大地促进了井冈山革命根据地土地革命的开展，得到了农民的热烈拥护。

　　毛泽东"上山"的结果，为中国共产党开辟了一条胜利之路——"农村包围城市，武装夺取全国政权"的革命道路。这就是闻名中外的以土地革命为中心内容的井冈山道路。

 "分田分地真忙"

　　毛泽东在井冈山点燃的星星之火，很快以燎原之势在全国蔓延开来。全国各地纷纷开辟了类似井冈山革命根据地的大大小小的红色政权区域。从 1927 年底到 1930 年年中，已形成了有军队十余万人、农村革命根据地十几块、遍及全国十几个省的红色地带。1931 年 11 月 7 日，在江西瑞金成立了代表广大工农群众的中华苏维埃共和国临时中央政府，形成与代表大地主大资产阶级利益的南京国民党政权相对立的工农民主政权。到 1934 年 1 月在瑞金召开第二次全国工农兵代表大会时，苏维埃政权已拥有红军 30 余万人，人口上千万。随着各级工农民主政权的建立，苏区广大农民不仅第一次享有参政议政的各项民主权利，直接参与各地乡村苏维埃的政权管理，成为社会的主人，而且开展了轰轰烈烈的废除封建地主土地所有制的土地革命。在红色政权区域里，到处呈现"收拾金瓯一片，分田分地真忙"的热火朝天景象。中国共产党不断总结广大农民进行土地斗争的经验教训，逐步形成了一条比较完整的土地革命路线。

1929 年 4 月，毛泽东率领红四军到达赣南后，结合中共六大精神，总结赣南土地斗争的经验，制定了《兴国土地法》，将原来井冈山根据地规定的"没收一切土地"改为"没收一切公共土地及地主阶级的土地"，从而更好地保护了中农的利益。1929 年 7 月，在上杭召开了闽西第一次党的代表大会，通过了《土地问题决议案》，在具体政策上作了若干新的规定：要区分大中小地主，并给地主以生活出路；只没收富农"自食以外多余部分"的土地，不要"过分打击"；要使中农不受到"任何损失"；对大小商店采取"一般的保护政策"；在土地分配上，在以乡为单位和原耕地的基础上，实行"抽多补少"；按人口平均分配土地。1930 年 6 月红四军前委和闽西特委在长汀南阳召开联席会议，通过了《富农问题决议案》，又规定了"抽肥补瘦"的原则。1931 年春，毛泽东在调查中发现土地为政府所有，农民只有使用权，影响了农民的生产积极性。为此，2 月 27 日毛泽东以中央军委总政治部主任的名义给江西省苏维埃政府写了一封题为《民权革命中的土地私有制》的信，明确指出，土地由农民所有，租借买卖，他人不得侵犯。这样经过几年土地革命实践，基本上形成了一条比较完整的土地革命路线和一整套分配土地的方法。土地革命路线是：依靠贫雇农，联合中农，限制富农，保护中小工商业者，消灭地主阶级，变封建半封建的土地所有制为农民的土地所有制。土地分配方法为：以乡为单位，按人口平均分配，在原耕地的基础上，实行抽多补少，抽肥补瘦。中国共产党的土地革命路线第一次解决了在农村中依靠谁、团结谁、打击谁的根本问题，使党能够联合占农村人口90%以上的贫雇农和中农，集中力量消灭封建剥削制度。这条路线保证了中国共产党顺利地领导农民进行土地革命。

在党的路线指引下，土地革命在各个苏区先后轰轰烈烈地铺展开来。土地革命的步骤一般如下：

第一步，发动群众，建立工农政权和农会，为开展土地斗争作准备。

要开展土地革命，消灭封建地主土地所有制，就必须先打倒地主豪绅统治。这是发动群众的一项重要措施，也是分配土地的一项重要准备。各根据地创建伊始，中国共产党领导的革命军队就在所到之处打土豪、分浮财，烧毁契约，废除债务，取消各种苛捐杂税，广泛发动群众。在发动群众的基础上，建立工农民主政府，建立农民武装和农会，组织以贫雇农为主体的阶级队伍，彻底推翻地主阶级的统治，使广大农民掌握权力。在工农民主政府中，设立"土地委员会"负责分配土地。土地委员会是由工农兵代表会议选举产生的，由 5~7 人组成，它的成员必须是阶级立场坚定、有多年耕作经验和在群众中有较高威信的贫雇中农。在开展土地斗争时，先由土地委员会进行研究，提出具体方案，再交工农兵政府讨论批准。这些组织的建立，为进一步开展土地革命准备了条件。

第二步，没收土地。

起初是没收一切土地。中共六大后，规定没收豪绅地主的土地财产，对公地和富农的多余财产也加以没收。

第三步，分配土地。

一部分地区按人口平均分配土地，这种方法有助于争取群众，发动群众，受到广大贫苦农民的欢迎。

一部分地区以劳动力和工具为标准分配。这种方法有助于发展生产，但主要有利于富农和富裕中农。

中央鉴于在残酷的战争环境下争取群众是最主要的任务，而发展生产是次要的，故统一规定以人口为标准进行分配。

关于分田的步骤和方法，各地颇不一致，但大体上分以下几个步骤：①召开群众大会，讲清分田的道理，并且当众焚烧地主的田契和高利贷债约，这是发动农民重要而有效的措施。烧掉了田契和债约，农民才敢分田。②清查田亩，划分等级。由乡土地委员会组织贫雇农到各家各户调查登记，算出本乡的土地总数、各种等级的田亩数和人口数。③按规定的分田原则分配土地。④宣布分田结果。分田方案提出以后，先开干部会研究，再开群众大会通过，然后张榜公布各户分田数，并在田头插上分田牌，写明该田的地名、亩数、归谁管等，登记造册，发给得田者土地证（证明所有权、使用权）。⑤召开群众大会。

按照以上步骤，土地革命先后在各根据地有声有色地开展起来。到1929年秋冬，闽西根据地在长汀、连城、上杭、龙岩、永定方圆300多里的地区内，有50多个区600多个乡完成了土地分配的工作，近80万农民获得了土地。湘鄂赣、鄂豫皖苏区到1930年底，土地分配基本完成，湘鄂西苏区的土地革命到1930年秋也达到了高潮。

土地革命的开展消灭了红色区域内的封建地主土地所有制，动摇了封建制度的基础。广大农民摆脱了地主阶级的压迫和剥削，获得了土地，成为土地的真正主人。农民获得土地后，革命和生产的积极性空前高涨。他们积极兴修水利，改良土壤，开垦荒地，使农业生产连年丰收。1933年的农产，在赣南闽西区域，比1932年增加了15%，在闽浙赣边区增加了20%。赣东北农业也搞得比较出色，每年增产15%～20%，群众不但不饿肚子，还自给有余。中央苏区1934年比1933年增产10%多。同时，农民积极参军参战，踊跃支前，为革命战争作出了重大贡献。1932年1月至3月，江西苏区扩充主力红军6984人，地方武装4848人，合计11832人。1933年，进一步掀起扩充红军的热潮，5月仅在江西省就扩充红军26529人。从1933年2月到1934年7月，中央苏区扩红的总人数有16万人，而整个中央苏区的人口在250万至300万人之间。

土地革命使千万农民成了社会的主人，这对彻底肃清封建专制制度的影响，建立工农民主联盟，都有深远的影响。中国共产党领导的土地革命，是近代中国第一次彻底的土地变革，它砸碎了套在广大农民头上几千年的封建枷锁，使终年受着压迫剥削、过着饥寒交迫生活的广大农民第一次获得了朝思暮想的土地，解决了农民的土地问题。这是中国资产阶级革命派为之奋斗却未能实现的事业，也是中国几千年来在部分农村发生的最深刻的社会变革。中国共产党由此获得了苏区广大农民的热烈支持，成为当时中国唯一能与国民党相抗衡的政党。

3 查田运动

在革命根据地一天一天壮大和土地革命热火朝天进行的时候，在 1931 年 1 月中共六届四中全会上获取中央领导权的以王明为代表的"左"倾势力，开始把他们那一套在各个根据地强制推行。他们推行的以"地主不分田"、"富农分坏田"为核心内容的"左"倾土地政策，无法在根据地得到贯彻执行。为此，他们决定利用土地分配后需要进行复查工作这一环节，从 1932 年开始，在苏区开展了持续两年多的查田运动，结果导致土地革命的挫败。

查田运动的路线是：依靠贫农，联合中农，限制富农，消灭地主阶级。查田运动的步骤是：讲阶级（作宣传）；查阶级；通过阶级；没收分配。查田运动按其发展过程，可分三期。

第一期，从1932年到1933年5月，是发动阶段。

1932年2月8日，苏区中央局作出决议，提出"必须完成查田运动，彻底解决土地问题"，并要求"从先进的区域，动员大批的查田分田突击队，去帮助落后的与新建的苏区"。为了贯彻苏区中央局的指示，江西、福建、湘赣等苏区先后制定有关决议或条例，开始了查田运动的动员工作。

1933年1月初中共中央政治局被迫由上海迁入中央苏区后，"左"倾教条主义的各项政策进一步在根据地得以贯彻。2月1日，临时中央政府土地人民委员部发出《训令第二号》，催促各地加紧查田或重新分田，并在两个月内完成，提出"要使豪绅地主分不到一寸土地，富农分不到一丘好田"。

作为临时中央政府主席的毛泽东，为了贯彻苏区中央局关于查田运动的决议，1933年春，在瑞金叶坪进行查田运动的试点。他和王观澜等人经过深入的发动群众和调查研究，解决了在过去土地没收和分配中遗留的问题，把混入乡党支部和政权中的地主分子清查了出来。这些人利用职权包庇的地主富农分子也被清查了出来，并重新划定了阶级成分，从而极大地提高了全乡农民革命和生产的积极性。这次试点工作取得了初步经验，对于在以后的查田中减少损失并正确解决土地革命的实际问题起了借鉴作用。

这一期查田运动从各地总的情况看，还基本处于自上而下地发布号召、进行动员的阶段，尚未形成广大群众的实际行动。

第二期，自1933年6月至1934年2月，是全面实施阶段。

1933年6月11日，临时中央政府颁布了《关于查田运动的训令》。第二天，中央苏区中央局作出《关于查田运动的决议》，决定在中央根据地普遍进行查田运动。6月中旬，在瑞金召开了八县查田运动大会，毛泽东作了关于查田运动的报告。8月又作了查田运动的初步总结，详细阐述了查田运动的意义、步骤和方法。随后，群众性的查田运动正式开展起来。

这一期查田中，毛泽东直接参与领导工作。他对查田运动作了许多理论上的阐述。他指出："查田运动是查阶级，不是按亩查田"，"查阶级是查地主富农阶级，查剥削者，查他们隐藏在农民中间而实在不是农民的人，查这些少数人，决不是查中农、贫农、工人的阶级，因此不得挨家挨户去查"。由于毛泽东阐明了查田运动的方针、路线和方法，加之各级政府机关的大力组织和推动，查田运动取得了一些成绩，清除了革命队伍中的异己分子，巩固了基层政权。

但由于当时"左"倾思想在党内占统治地位，查田运动又是为贯彻王明"左"倾土地政策而发动的，因此在7、8、9三个月查田运动全面开展以后，出现了严重"左"倾错误，主要表现在划分成分扩大化。不少地方把中农和富裕中农划为富农或地主加以打击。根据1933年7、8、9三个月统计，中央革命根据地的江西、福建、粤赣三省，共计新查出地主6988家，富

农民运动史话

农 6638 家。这 13626 家新查出的"地主"、"富农"，有相当大一部分是中农，甚至是工人、农民。由于查田运动搞得很"左"，引起广大干部和群众的不满和抵制。1933 年 10 月，临时党中央只好同意由临时中央政府颁布毛泽东 6 月起草的《怎样分析农村阶级》和由他主持制定的《关于土地斗争中一些问题的决定》。这两个文件运用马克思列宁主义基本观点，提出了科学划分农村阶级的标准。由于贯彻了这两个文件，中央苏区的查田运动开始扭转了过"左"的倾向。如胜利县原有地主 810 户，富农 766 户，共 1576 户；查田运动中又新查出地主 196 户，富农 340 户，共 536 户。文件下达后，改正了错划的 941 户。查田运动前错划的阶级成分也得到了改正。

第三期，从 1934 年 3 月开始，是出现严重反复的阶段。

正当查田运动开始纠正"左"的错误的时候，"左"倾教条主义者害怕起来，在党内大反右倾。在 1934 年 1 月于瑞金召开的中国共产党六届五中全会上，他们严厉地批评毛泽东是"富农路线"。接着在"二苏大"后仅保留毛泽东临时中央政府主席的职务，免去他兼任的临时中央政府人民委员会主席的职务。1934 年 3 月 15 日，六届五中全会后的人民委员会发布了《关于继续开展查田运动的问题》的训令，强调要反对查田运动中的右倾，指出上届人民委员会颁布了《关于土地斗争中一些问题的决定》以后，"各地查田运动中又发生了许多严重的问题，许多地方苏维埃政府竟抛弃了继续开展查田运动的工作，而忙于'纠正'过去在查田运动中甚至在查田运动前的一些过'左'的错误，并且给了地主富农以许多反攻的机会"，并规定"不论地主、富农提出任何证据，不得翻案，已翻案者为无效"，如翻案要受"最严厉的苏维埃法律的制裁"。这就使查田运动又回到了"左"倾错误的泥淖，而且越陷越深。"左"倾教条主义者在各级苏维埃政府中大反右倾，给已经改正的地主、富农重新戴帽子，并把地主编为永久劳役队，富农编为暂时劳役队，将地主、富农的家属一律驱逐出境，完全没收了富农的土地财产。这些极"左"的土地政策的推行，造成严重的后果，不仅使部分地主、富农上山为匪或逃往白区，而且引起中农的不安，严重影响了革命根据地的社会治安，大大加速了第五次反"围剿"的失败。

随着第五次反"围剿"的失败，查田运动也就不了了之。苏区的沦陷实质上宣告了"左"倾土地政策的失败和结束。

查田运动是一次贯彻"左"倾错误路线的群众性的土地运动。这次运动破坏了中国共产党同农民（尤其是中农）的关系，使党在领导农民通向解放的道路上遭受了一次严重的挫折，为中国共产党以后领导农民进行土地改革运动留下了深刻的教训。

4 土地革命的结束

1931 年九一八事变以后，日本帝国主义加紧了对中国的侵略步伐，使中华民族的危机日益加重，社会各阶级之间的政治关系发生了明显的变化。客观形势要求中国共产党迅速结束"左"倾关门主义，调整各项政策，以适应即将到来的全民抗日的历史趋势。

1935年1月召开的遵义会议确立了以毛泽东为代表的新领导集体，结束了"左"倾中央的领导，为调整党的各项政策提供了条件。

在土地政策的调整方面，从根本方向来看，是不断抛弃"左"倾错误，朝着实现广泛的抗日民族统一战线的目标，一步一步地迈进。为了达到这一目标，要求在农村争取和团结一切愿意抗日的地主、富农。与此相适应，也要求改变对地主、富农的政策，即不再把他们当做土地革命的对象，而是当做民族斗争中的同盟者，把过去土地政策的明显的阶级特质，转变为具有广泛的人民性和民族性的特质。

因此，自1935年12月瓦窑堡会议到1937年卢沟桥事变后的全面抗战，伴随着抗日民族统一战线的提出、发展和正式成形，中国共产党也逐步改变了土地政策，主要是停止了对富农一切土地财产的没收，停止没收地主的土地。最后采取了减租减息的抗日土地政策，这意味着实行了十年之久的土地革命的结束。

土地革命是中国共产党领导广大农民在中国局部地区进行的一场废除封建土地所有制的农民运动，它是一场深刻的社会变革。土地革命的实行，使得革命根据地突破了中国几千年来传统社会的框架，在中国局部地区实现了"绿色崛起"（亨廷顿语）。正是在土地革命过程中，中国共产党找到了一条变革中国社会和引导农民走上翻身解放的道路——"农村包围城市，武装夺取全国政权"的道路。土地革命表明了中国共产党已经开始与农民建立了牢固的联系。正是这种联系，打下了中国共产党立于不败之地和最终取得胜利的最稳固的基石！

七　战争伟力之最深厚的根源

——抗日战争中的农民运动

1937 年至 1945 年，中国共产党通过减租减息把广大农民充分动员起来，投入到全民抗战的洪流中去。中国共产党不仅赢得了抗日战争的胜利，更重要的是深深赢得了亿万农民的拥戴。中国农民在中国共产党的领导下，迈出了通向翻身解放的关键一步。

减租减息

1937 年全民抗战开始后，中日民族矛盾成为中国社会的主要矛盾，以国共合作为基础的抗日民族统一战线正式形成。为了调动亿万农民和开明地主分子的抗日积极性，中国共产党决定改变第二次国内革命战争时期革命根据地实行的没收地主阶级土地分给农民的土地革命政策，而实行减租减息的抗日民族统一战线的土地政策。

1937 年 8 月，中共中央洛川会议正式决定以减租减息作为抗日战争时期解决农民土地问题的基本政策，并写进《抗日救国十大纲领》公布于众。10 月 16 日，刘少奇发表了《抗日游击战争中的若干基本问题》一文，将党的解决农民土地问题政策进一步具体化，提出了抗日根据地的十大土地政策：没收汉奸的土地分配给无地或少地的农民；逃走的地主的土地，无租息地分配给农民耕种；地方公有地分给农民；普遍减租，规定最高租额；保障永佃权；认真办理水利及救灾；协助农村合作社的发展；保障农民有组织农民协会的自由；惩治敲诈盘剥农民的土豪劣绅；禁止高利贷；等等。

在中国共产党抗日土地政策指引下，各抗日根据地的减租减息运动有声有色地开展起来。但在抗战初期，各根据地尚处于创建过程中，中国共产党的抗日民族统一战线土地政策尚不完善、具体，广大农民未能充分发动起来，各地不同程度地存在着或"左"或"右"的错误，要么对群众工作不够重视，要么对地主联合不够而打击过重，因此初期的减租减息运动总的看来进展较为迟缓，发动不够普遍，开展不够深入，广大农民的抗日积极性未能充分调动起来。

到 1942 年，中共中央和各根据地的党政领导机关，大力加强对减租减息工作的领导，广泛深入动员农民群众，不仅完善了减租减息政策，而且使之在各地得到普遍贯彻执行，从而使减租减息运动在敌后根据地广泛开展起来。

为了普遍和彻底地实行减租减息，中共中央在总结前一段减租减息的经验教训基础上，于 1942 年 1 月和 2 月作出了《关于抗日根据地土地政策的决定》和执行此项决定的三个附件，向党内发出了《关于如何执行土地政策决定的指示》，系统、全面、深入地阐述了党在抗日战争时期关于解决农民土地问题的理论、政策和策略。

中国共产党在抗战中实行的土地政策，简而言之，就是"一方面减租减息，一方面交租交息"的政策。这一政策的主要依据如下。

农民（包括雇农在内）是抗日与生产的基本力量，必须依靠农民，扶助农民，减轻地主的封建剥削，实行减租减息，保证农民的人权、地权、政权、财权，借以改善农民生活，提高农民抗日与生产的积极性。

地主的大多数是有抗日要求的，一部分开明士绅是赞成民主改革的，所以在实行减租减息之后，又须实行交租交息，保障地主的人权、地权、政权和财权，借以联合地主阶级实行一致抗日。只是对于坚决不愿悔改的汉奸分子，才采取消灭其剥削的政策。

富农是农村中的资产阶级，是抗日与生产的一个不可或缺的力量，不但有抗日要求，而且有民主要求，所以对富农应采取削弱其封建部分（减租减息），奖励其资本主义部分（在适当的改善工人生活条件之下），并保障富农的人权、地权、政权和财权。

关于解决土地问题的具体政策，包括以下三点。

一是关于实行"二五"减租问题。以抗战爆发为界，减租是减以后的。所谓"二五"减租，即按照原租额减去25%。在游击区及敌占点线附近，可低于"二五"减租，只减二成、一成五或一成，以能相当发动农民的抗日积极性及团结各阶层抗战为目的。

二是关于佃权问题。如租用契约及习惯上有永佃权者，应保留之；无永佃权之约定者，不应强迫规定。但在抗战期间，地主收地退租，应顾及农民生活，应由政府召集租佃双方加以调剂，或延长佃期，或只退佃一部分，如承租人于两年内无故不耕或力能付租而故意不付，出租人则有权收回土地。

三是关于债务问题。以抗战爆发为界，减息是减过去的，对于抗战前成立的借贷关系，应以一分半为计息标准，如付息超过原本一倍者，停利还本，超过原本两倍者，本利停付；对于抗战后的息额，"应以当地社会经济关系，听任民间自行处理"，政府不宜规定过低息额，致使借贷停滞，不利民生。

以上土地政策，是四年多来减租减息实践的总结，它标志着中国共产党抗战土地政策的完善和成熟，推动了各地减租减息活动的普遍健康开展。

从1942年初开始，各根据地普遍出现了一个贯彻中央决定，开展减租减息运动的高潮，减租减息运动发展为一场普遍的声势浩大的群众运动。

农民群众充分的组织发动和普遍参与，是1942年以后减租减息运动的一个显著特点。刘少奇曾总结了当时华中根据地发动群众进行减租减息的步骤和方法：

派工作团下去开展减租减息运动，"先是选择几个中心县，在中心县里，找二三个中心区，在中心区里，找二三个中心村，把大多数干部和最强的领导干部派到中心县、区、村去。中心区、村的干部，开始做宣传工作，沿村宣传减租减息，改善雇工生活；在中心区、村，集中力量发动群众，突破一点，打开局面。非中心区、村则及时宣传中心区、村进行减租减息的成绩和经验，造成声势，相互呼应。

"中心区、村在开始发动群众时，由政府与工作团负责人访问地主，召开士绅、地主座谈会，说明群众运动要求，讲清政策，减少顾虑，同时工作团挨家挨户访问农民，和农民谈话了解情况，调查研究，注意发现积极分子，通过积极分子联络和发动广泛的群众。在群众酝酿成熟的基础上，召集全村农民大会，讨论和决定有关问题，选举农会筹备会。应找出当时当地农民最迫切的问题下手（比如借粮），通过这些斗争的胜利，提高农民的热情和信心。还应加紧教育和训练积极分子，然后成立农会，领导农民进行减租减息的斗争。

"中心区、村减租减息的影响一传开，非中心区的农民也自动起来了，也要求组织农会。这就是非中心区被中心区所推动，这时候，中心区、村即可留下一部分干部做巩固工作，其他干部转移到非中心区。这时到非中心区，群众就会自己找上来了。一个月到两个月，就可发动千百万群众，形成减租减息的群众运动潮流。"

这样，广大农民被广泛地动员起来了，树立了农民在乡村的政治优势，迫使地主阶级不得不接受政府的减租减息法令。在减租减息过程中，广大农民为保佃减租，还依据法律与地主进行说理的斗争，这种斗争方式人们称之为"斗法"。在抗日民主政权支持下，农民与地主之间的"斗法"，不仅能够有效地保障农民的土地使用权，而且在法的约束下，可以避免一部分农民拒不交租交息和无端侵犯地主地权、财权和人权的"左"倾现象，有利于农村抗日民主统一战线的巩固和社会秩序的稳定。

随着 1943 年 10 月 1 日中共中央《关于减租生产、拥政爱民及宣传十大政策的指示》的发布，减租减息运动发展到以"查减"（检查减租政策的实施情况）为主要内容的新阶段，在各根据地普遍深入地进行减租减息运动的过程中，广大农民迎来了抗战胜利的到来。

减租减息运动的开展，改善了农民生活，进一步激发了农民抗日和生产的积极性，在人力、物力、财力各方面有力地支持了长期的民族战争和根据地建设。在减租减息运动中，由于同时坚持了交租交息，保障了地主富农的土地和财产所有权，一部分开明士绅还参加了民主政权和管理工作，使农村阶级关系得到缓和，从而维护了抗日民族统一战线。减租减息削弱了封建土地剥削制度，引起了农村土地关系和阶级结构的变动。许多贫苦农民因为减租减息改善了生活条件和经济条件，以买进、典进和赎田等方式获得一部分土地，地主阶级的土地占有量大为减少，农村地权由原来集中走向分散。与此相联系，农村中贫农和雇农的数量大大减少，中农富农的数量显著增加，地主的数量明显下降，过去农村阶级结构中的两极分化转为

"两头小、中间大"的格局，这就为进一步彻底解决土地问题创造了极为有利的条件。

 农民的民主运动

在敌后抗日根据地，共产党不仅使广大农民在经济上初步翻了身，而且在各个根据地建立了抗日民族统一战线的抗日民主政权，让广大农民参政、议政，初步经受现代政治文明的洗礼，实现了政治翻身。

在选举产生各级抗日民主政权的过程中，各抗日根据地进行了普遍、直接、平等的无记名的选举。在广大农村，亿万农民开天辟地以来第一次亲自参加了普遍选举运动。

为了从法律上保证农民有权参加民主选举，《选举法》明确规定：凡居住在抗日根据地的人民，年满18岁，不分阶级、党派、职业、男女、宗教、民族、财产和文化程度，只要不是汉奸、反共分子、精神病患者，都有选举权和被选举权。在法律的保护下，广大农民第一次理直气壮地投入到选举运动中去。

为了保证农民能够充分行使自己的民主权利，基于根据地内大多数农民都是文盲，从没有参加过民主选举这一实际情况，中国共产党创造了简便易行的选举方法。

投豆法：乡民大会选举时，把候选人加倍提出列坐一席，每人背后置一斗。愿选何人即在其后斗中投一粒豆，最后数豆即得总数。由于乡民大都互相熟识、了解，故投票可靠性很高。当时晋察冀抗日根据地有一首民歌，形象地反映了这种选举方法。歌中唱道："黄豆豆，豆豆圆，咱村选举村议员。老奶奶，脚儿踮，拄着拐杖也来选；心里想，又盘算，到底哪个人才沾？俺要选，袁老泮。一颗黄豆搁在碗，老奶奶，笑满脸！俺活七十头一遍。"

画圈法：即每个选民发给横纸条一张，纸上印的圈数与候选人数相等，愿选第几人，即用笔或炭将第几圈涂黑作证，投诸票箱，而后计算，即得知选举结果。

背箱法：为适应广大农村选民居住分散等客观情况，由工作人员背一只箱子，巡回到选民家中去请他们投票。此举对行动不便或生计繁忙者尤为适宜。

这样的选举，既没有圈定、操纵，也没有贿买或刺刀的逼迫，完全是根据选民的意愿和对被选举者的了解和判断。这种选举方式，便利了广大农民行使自己的民主权利。一位民主政团同盟人士实地考察根据地的选举后，感慨地说："他们这种选举方法，和可以发挥自主能力的各种事实，是给借口民众不识字，程度太低即不可能实行民主者以最有力的打击，事实给证明，只有在扶助民众中，才可以训练民众的能力，而达到完全的民主。"

在中国共产党的帮助下，经过减租减息后的广大农民踊跃参加选举。当时参加民主选举的选民十分广泛，普遍达到当地人口的80%左右，有的甚至达到90%以上。许多目不识丁的农民也参加了选举。在冀中根据地的 7 个县中，完全不识字的群众占人口总数的 54% 以上，占全体选民的 55% 以上，但各个"文盲阶层"却有 87.6% 的人参加了村选，84.5% 的人参加了区选，80.3% 的人参加了县选。在民主选举中，充分体现了男女平等。18 岁以上的妇女，不但普遍参加了选举，而且还有相当数量的人被选进各级政府。例如晋察冀根据地，1939 年各村改选时，妇女当选为村长、副村长和村政委员、村代表者，一共约计 2000 人。在晋冀鲁豫、晋察冀根据地，有的妇女还被选为县长。晋西北根据地岢岚县 61 岁的妇女张兰女，被选为晋西北临时参议会参议员，虽已年过花甲，还骑着毛驴，爬山越岭，走了七八天路赶到了晋西北行署所在地——兴县开会。通过选举，广大农民自己的代表进入了各级政权机构和民意机构，改变了政权的阶级构成，使工农基本群众上升为统治阶级主体，农民成为权力的主人。通过民主选举运动，使广大农民受到了前所未有的民主政治教育，开始学会掌握管理权，自己当家做主，在政治上翻了身。

为了最大限度地发挥群众民主积极性，抗日根据地又总结了民主政权的补充形式——召开劳动者英雄大会，使政权机关周围能够聚集由劳动人民自己选举出来的英雄模范人物，通过倾听他们的意见，形成政府与群众之间的又一条牢固纽带。

广大农民在行使选举权的同时，也切实行使民主监督和民主罢免权。在各级代表会议开会前，农民代表要广泛征集农民意见和农民提案，提交大会讨论和通过。各级政府要定期向代表机关报告工作，对人民代表的质询作出解答，接受人民的检查、批评和监督；各级政府的决议和政策在执行过程中，要不断根据群众意见加以修正和完善。对不称职的干部，农民有罢免权。

为了从制度上保证农民参政议政经常化，更好地行使对基层干部的监督权和选举权，根据地还采取措施健全村政权。①每年进行一次村选，发动广大农民参政，如在晋察冀边区，1940 年村选，有 1 万余名正、副村长，2 万余名村代表会主任，近 30 万名村代表登上政治舞台。②改革和健全村政权机构，废除封建的以户为基础的村长邻闾制度，规定村民大会为村政最高权力机关，闭会期间由村民代表会行使其职权；村公所为村政行政机关，村长、副村长由村民代表会主任、副主任兼任，下设民政、财政、教育、建设、地政、调解各委员会；依村民居住区划分若干闾，由闾公民代表互选闾主任一人，辅佐村公所执行村政，从而充分发挥了村民的民主权利，使村民意机构和行政机关更密切地结合与统一起来。③健全村政工作制度，如会议汇报制度，规定村代表、公民小组每月一次，村务会及各委员会半月一次；检查工作制度，村代表会对村公所，村公所对各部门，都要对其工作进行检查和监督。④健全村财政制度，杜绝浪费，发扬朴素、廉洁、刻苦、耐劳、大公无私的作风。通过以上种种举措，使村政权始终置于广大村民的监督之下，保证了广大农民参政议政的制度化、经常化，而不流于形式。

中国共产党通过广泛深入的民主运动，对千万农民进行了政治动员，让以往不知民主为何物的农民初步品尝了现代民主政治的甜蜜果实，使民主走向广大农民群众，加强了农民对共产党的认同感，使农民认识到自己的命运已与共产党领导的抗日民主政权休戚相关，从而使植根于民众之中的抗日民主政权犹如抗战洪流中的中流砥柱，它使中国农民的民族自信心、政治归属感和民族向心力大大增强。广大农民开始走出家庭的小天地，摆脱狭隘的地域观念，而现代国家观念与民族意识逐渐在他们心底生根。在敌后根据地内，汉奸几乎绝迹，广大农民具有为国效命、为民族献身的高度政治热情。同时，共产党人所创建的根据地民主政权，对于国统区和沦陷区的民众形成巨大的鼓舞与感召力。因此，中国共产党在抗日根据地创建的抗日民主政权迅速成为维系中华民族的新支柱，鼓舞着整个中华民族奋力挽救民族危亡并建设具有广泛群众基础的新国家！

 ### 3　"兵民是胜利之本"

毛泽东说过："战争的伟力之最深厚的根源，存在民众之中，中国的抗日实质上就是农民的抗日。"抗日根据地的农民，经过减租减息运动，经济上初步翻了身；经受了民主运动的洗礼，在政治上站了起来。他们的抗日积极性也随之高涨起来，在中国共产党的领导下，以极大的政治热情投入到全民抗战的时代激流中去。

"解放区呀么嗬嗨，大生产呀么嗬嗨……"各根据地农民唱着这首嘹亮的歌曲，开展了热火朝天的大生产运动。兄妹开荒，劳动竞赛，到处都是一片热气腾腾的生产景象。正是广大农民以极大的劳动热情投入生产，才使根据地做到"丰衣足食"，保障了前线供应，维系着抗日根据地的存在，支撑着中华民族的全民抗战。

"猪呀羊呀送到哪里去？送给那英勇的八呀路军！"军民鱼水一家人，根据地的农民，在中国共产党的领导下，开展了声势浩大的群众性的拥军优属、拥政爱民运动。每逢节日和收获之时，广大农民穿红挂绿，敲着锣，打着鼓，牵着牛，拽着羊，支援前线的八路军奋勇杀敌、收复失地。"天上有星星，地上有咱八路军；八路军呀千百万，赛过天上众星星"。这是根据地广大民众对八路军的热情歌颂。在广大根据地，母亲教儿打东洋、妻子送郎上战场的情景到处可见。在残酷的战争环境中，广大农民冒着枪林弹雨抢救伤病员，全力支持子弟兵打鬼子，出现了"子弟兵母亲"戎冠秀那样的杰出的双拥模范。在"千里无人区"，也广泛流传着"当代佘太君"邓玉芬大娘的事迹。邓大娘是丰滦密中心区张家坟南猪头岭人，她和丈夫任宗武含辛茹苦地扶养着7个儿子。抗日战争爆发后，她和丈夫先后把大儿子任永全、二儿子任永水、三儿子任永兴送去参加游击队，她和丈夫也都成了村里抗日骨干分子。后方医院设在她家，老两口就成了伤病员最贴心的护理员。当时子弟兵中流传着这样一句话："猪头岭上有个温暖的家，家里有一位亲切慈祥的邓妈妈！"1941年秋敌人发动万人大扫荡，疯狂制造"无人区"。地方上成立了民兵组织，邓妈妈又把不够参军年龄的四儿子任永合、五儿子任永安送去参加了民兵，同他们的父亲一起战斗在"无人区"里。在敌人一次突然袭击中，丈夫和五儿子被杀害，四儿子被抓走。当时被组织上安顿在长城内基本区的邓大娘，悲痛欲绝，她谢绝了同志们和乡亲们的挽留，毅然带领着小六、小七回到已成为"无人区"的猪头岭，坚持抗日战争。不幸的消息接踵而至：大儿子牺牲在战场，二儿子战斗负伤后死在家里，四儿子惨死在劳工集中营中，小六在兵荒马乱中走失。邓大娘当时身边只有最小的儿子了。邓大娘眼里已没有泪水，只是默默地夜以继日地操劳，春种秋收，做鞋缝袜，支援前线，照顾伤病员。她将满腔的仇恨和悲痛埋在心里，暗暗祝福小儿子快快长大成人，替丈夫和儿子报仇。1944年春日军搜山，为了保护父老乡亲，邓大娘用烂棉絮塞进病重的小儿子的嘴里，以免哭出声暴露目标，最后小七活活憋死在母亲的怀抱里。邓大娘见此惨景昏厥于地。她在小儿子坟前守了一夜。当曙光照红了万里长城，坚强的邓大娘，这位"当代佘太君"，又一次战胜了巨大的精神创伤，重新站了起来。邓大娘是无数英勇支援抗日的亿万农民的代表。正是千千万万个邓大娘，以他们的血肉之躯筑成了一道新的长城，支撑着中华民族。

"我们都是神枪手，每一颗子弹消灭一个敌人……没有吃，没有穿，自有那敌人送上前；没有枪，没有炮，敌人给我们造……"根据地的农民除了在后方生产支援前线外，还踊跃参加八路军、新四军。他们广泛武装起来，组织起来，一方面配合八路军、新四军作战，一方面拿起简陋的武器，和敌人拼杀搏斗。为了配合八路军作战，根据地的每一个人都充分动员起来，以至敌人心惊肉跳地说："冀中每个老百姓都是八路军！"在根据地，经常可以看到这样的场景：民兵们在大路旁、田野里掩埋地雷；老大娘坐在树荫下做针线放暗哨；小孩子手拿红缨枪查路条。晋察冀根据地的一首《交通战》民歌反映了当时广大农民配合主力部队作战的场面："模范队，青抗先，拿上镐头和铁锹，到处开展交通战。破坏铁路割电线，铁线网络都割断。汽车路，封锁线，截断捣毁莫迟延。鬼子交通没法办，我们好打歼灭战，管叫鬼子要完蛋。"千万农民在同日军作战时发扬了英勇献身的精神，他们成功地运用地道战、地雷战、麻雀战、"爆炸运动"等作战形式，发挥自制的手榴弹、地雷、土枪、土炮的威力，进行了艰苦的反"扫荡"、反"蚕食"、反"清乡"斗争，保卫了根据地。在中国共产党的领导下，广大农民组织起来，铁道游击队、平原游击队、水上雁翎队、敌后武工队遍布大江南北、长城内外，开辟了极为广阔的敌后战场，使日军真正陷入人民战争的汪洋大海之中，也使人民革命获得了坚实的基地，不仅加速了抗日战争胜利的到来，而且为夺取全国解放战争的胜利创造了条件。亿万农民还一再掀起参军热潮，使八路军、新四军由初期的 5 万余人发展到抗战胜利时的 120 余万人，极大增强了人民革命武装力量。正是亿万农民广泛地动员起来，农民的抗日积极性得到高度发挥，他们满腔热情地投入全民抗战，才最后赢得全民族抗战的伟大胜利。

抗日战争的胜利，是中华民族的胜利，更是中国共产党领导的以农民为主体的人民自卫战争的伟大胜利。经过八年的浴血奋战，中国共产党不仅赢得了战争的胜利，更重要的是赢得了亿万农民的衷心支持。到抗日战争结束时，共产党领导的解放区已达一亿多人口，这是共产党在解放战争中取得胜利的牢固基础，是"农村包围城市，武装夺取全国政权"的革命道路在全民族抗战的形势下的继续运用和发展。"日头花，圆溜溜，朵朵花儿朝日头，晋察冀百姓千千万万，永远跟着共产党走"，"东方红，太阳升，中国出了个毛泽东……"这两首不同地区的歌曲，道出了根据地亿万农民的心声，表明中国的农民已将自己的命运与中国共产党紧紧联系在一起。中国农民的向背，决定着中国的前途。经过抗战，中国农民已选择了中国共产党作为他们翻身解放的带路人，这实际上已提前宣告了国民党政权最终覆亡的无可奈何的命运……

八　暴风骤雨
——土地改革运动

抗日战争结束后，中国近代农民运动进入了一个崭新的阶段——翻身解放时期。在中国共产党领导下，亿万农民掀起了暴风骤雨般的土地改革运动，砸碎了几千年的封建剥削制度，并最终赢得了人民解放战争的胜利。自此，中国农民进入当家做主的历史新时期。

 ## 反奸清算运动

抗日战争胜利结束后，中国共产党采取和平民主方针，力争通过和平谈判，实现国内和平。为适应这种政治形势，从1945年9月到1946年4月，解放区在农村继续实行减租减息政策，同时开始没收与分配敌伪土地。这一时期的减租减息运动主要是以反奸清算为内容展开的。

1945年11月7日，中共中央在《减租和生产是保护解放区的两件大事》的指示中明确指出："目前我们的方针，仍然是减租减息而不是没收土地。"12月15

日，中共中央又发出《一九四六年解放区工作的方针》的指示，重申减租政策，指出"在一切新解放区，要发动大规模的、群众性的，但是有领导的减租减息运动"，"在老解放区，则应复查减租减息，进一步巩固老解放区"。

根据中共中央指示，从 1945 年冬到 1946 年春，各新解放区开展了声势浩大的减租减息运动，老解放区则发动群众，开展查租查息工作。

新解放区，由于长期遭受日伪统治，农村的土地关系极为复杂。一部分土地曾为日伪所占领，如东北地区，仅"满拓地"、"开拓地"即约占东北耕地面积的 12%；其他部分土地多为地主、富农所有，其中有些地主被农民称之为"昭和地主"，即依仗日本人势力发展的汉奸地主，战后这些地主与敌伪残余势力相互勾结，继续作恶，欺压农民，妄图复辟。故而，新区的群众性减租减息运动是围绕反奸清算运动展开的。

从 1945 年 9 月起，在华东、华中、华北各新区普遍开展了反奸清算运动。各地提出了"打倒汉奸！打倒国民党特务！打倒恶霸！讨回八年血债！打狗腿子找狗头，打小鬼抓首恶分子！"的反奸口号。在各级政府的领导下，各地召开了群众大会，把汉奸及其后台拉到大会上示众，让农民控诉他们的罪行，然后予以处置。各地群众从惩办罪大恶极的汉奸卖国贼入手，清算奸伪的迫害凌辱，清算奸霸贪污霸占，清算地主转嫁的敌伪负担，清算额外剥削，清算黑地等。在斗争中，把民族斗争与阶级斗争结合起来，使群众不但得到了一些经济利益（汉奸的财产），而且提高了政治觉悟，逐步认识到了自己的力量，开始提出减租要求。各地民主政府积极满足这种要求，并依据中共中央1945年11月7日的指示精神，相继公布减租法令，结合反奸清算，领导群众开展减租减息斗争。这次减租减息运动由于和反奸清算斗争相结合，起动快，声势大，很快形成高潮。到1946年春，各区参加运动的人数约占总人口的50%。如在山东蒙阴地区，1946年3月5日有20余万人参加减租运动，80%的农民从汉奸、恶霸、地主手中分得或赎回土地，40%的农民参加了群众组织。

随着运动的深入，日本投降后开始的激烈的"反奸运动"，逐渐发展成对土地制度的进攻。起初，许多农民积极分子把"反奸运动"仅看做是对战时所受损害的一种报复。他们痛恨汉奸，希望把汉奸打倒，让其永世不得翻身，因此只是无秩序地自发地对汉奸复仇，杀汉奸，没收汉奸财产。后来在中国共产党的领导和帮助下，农民开始认识到"反奸运动"仅是向地主阶级发动全面进攻的前哨战。经过减租，广大农民开始自觉和有计划地向地主阶级进攻了。这首先是从没收与分配敌伪土地开始的。斗争重点的转移，使20年前开始的、因抗战而推迟了的土地革命，又一次轰轰烈烈地开展起来。

中国共产党领导了这场斗争。1946年3月20日，中共中央东北局发出了《关于处理日伪土地的指示》，规定：所有东北境内的一切日伪地产，开拓地、满拓地及日本人和大汉奸所有地，应立即无代价地分配给无地和少地的农民所有。为适应当时国内和平形势的需要，还特地规定："保护人民之财权地权，除敌伪地产及日人和汉奸地产外，任何人不得非法侵占。"这就明确指出除敌伪土地外，对一般地主的土地所有权不予变动。在这个指示发布后，东北各级民主政府发布命令，公布处理公地的办法，组织干部下乡发动农民分配敌伪土地。在斗争中，一般都坚持了：第一，把土地分给无地或少地的农民，反对"地归原主"和"原佃优先"的主张，因为敌伪土地原主有的是地主、富农，原佃户亦多属富农或富裕的中农；第二，在工作中，坚持群众路线，强调依靠贫雇农，注意团结中农，孤立破坏分地的地主、富农分子；第三，基本上采取按人口平均分配的原则。

其他新解放区也开展了没收和分配敌伪土地的斗争。华中解放区，对敌伪占领的土地采取了廉价放领的政策，最高者不及普通地价的50%，最低者为普通地价的10%；在山东新区，对敌伪土地没收后，按先佃户、后抗属、再贫农，先贫后富，先群众后干部的原则实行分配；晋绥区规定：凡敌伪强占的土地应退还原主。

通过反奸清算运动，广大农民获得了不少"斗争果实"。如山西省潞城县张庄，广大农民从大大小小的剥削者手里没收了总共1300多亩土地，还从各种机构手中没收了300多亩土地，这些土地占全村土地总数的1/4还多。牲口、农具、粮食、房屋的情况也是如此。没收的牲口有 26 头，占全村所有大牲口的一半多；村里总共有 800 间房子，没收的就有 400 间；没收的屯粮在 100 吨以上。此外，还有好几百块银元，许多珠宝首饰，几屋子家具，几十件农具和成百套衣服。

在新区开展减租减息运动的同时，老解放区开展了查租查息工作。老区虽在抗战时期实行过减租减息，但由于地主的破坏和干部的麻痹情绪，发动群众不够深入，所以减租工作存在着不彻底现象，如减租后地主夺佃，或明减暗不减，或减租后不订租约，负担不公平等。针对这种状况，中共中央要求各老区必须深入发动群众，进行"查减"工作。

查租多以自然村为单位，重点教育干部克服麻痹思想和太平观念，并用算账对比、回忆诉苦和说理等方式启发佃户，使他们克服"变天"的思想顾虑，勇于同地主进行斗争，深入减租、保佃，同时把查租与生产结合起来。

查租减租斗争的开展，使老解放区农村地主、富农占有的土地进一步减少了，贫农、雇农、中农的经济地位上升了。农民的阶级觉悟也随之提高，不断克服"信天命"的封建思想，相信共产党，相信组织起来的力量，使他们生平第一次感觉到命运掌握在自己手里。他们睡在自己的房屋里，走在自己的土地上，撒着自己的种子，盼望着自己的收成。

这一时期的减租减息运动，已初步向解放区的中国农民展现了一个崭新世界的蓝图，吸引他们去为这个新世界的完全实现而英勇奋斗！

这种新的历史条件下的减租减息运动，开了解放战争时期大规模土地改革运动的先声！

"五四指示"

1946年5月，蒋介石违反停战协议，调动百万大军布置内战，全面内战已是一触即发。解放区的农民，在经过减租减息后，强烈要求耕者有其田，消灭封建剥削，彻底解决土地问题。为了满足广大农民对土地的要求，为了作好自卫战争的准备，及时地动员民众中的一切潜力，胜利地抵御国民党迫在眉睫的进攻，中共中央于1946年5月4日发布了《关于清算减租及土地问题的指示》（即著名的"五四指示"），决定将抗战以来一直实行的减租减息政策转变为没收地主土地政策，实现"耕者有其田"，彻底完成民主革命的任务。"五四指示"的发布，正式拉开了暴风骤雨般的土地改革运动的帷幕。

"五四指示"共18条，其基本精神是坚决满足农民对土地的要求。指示明确指出："从地主手中获得土地，实现耕者有其田"，这是"我党目前最基本的历史任务，是目前一切工作的最基本环节，必须以最大的决心和努力，放手发动与领导目前的群众运动，来完成这一历史任务"。

为了组成最广泛的统一战线，减少斗争中的阻力，"五四指示"吸取了土地革命时期的经验教训，规定：

"坚决用一切方法吸取中农参加运动，并使其获得利益，决不可侵犯中农土地"；

对于富农的土地，"一般不动"，"应使富农和地主有所区别"；

"对待中小地主的态度应与对待大地主、豪绅、恶霸的态度有所区别"；

"凡是富农及地主开设的商店、作坊、工厂、矿山，不要侵犯，应予以保全，以免影响工商业的发展"；

"对一切可以教育的知识分子，必须极力争取，给以学习和工作的机会"；

"要集中注意力向汉奸、豪绅、恶霸作斗争"，"但杀人捉人要少，不得乱杀乱捉"；

"对抗日军人及抗日干部的家属之属于豪绅地主成分者，对于在抗日期间无论在解放区和国民党区与我们合作而不反共的开明绅士及其他人等，在运动中应谨慎处理，适当照顾……给他们多留下一些土地，及替他们保面子"。

关于解决土地问题的方式，"五四指示"规定：对大汉奸土地实行没收分配，对一般中小地主的土地，则一般不采取无偿没收，而是通过"清算、减租、退租、退息"等方式实现有偿转移。

"五四指示"是中国共产党的土地政策由削弱封建剥削向没收地主土地消灭封建剥削过渡的一个历史文献。它适应当时的国内形势，既支持了农民反封建剥削的要求，又给各阶层予以适当照顾，有利于维护和扩大反封建的统一战线。

"五四指示"发布后，解放区的土地改革便轰轰烈烈地开展起来，农民采取多种方式从地主手中获得土地：对汉奸、豪绅、恶霸地主的土地，实行没收，无偿分给农民；对一般地主的土地，主要是通过清算租息、清算额外剥削（如大斗进小斗出）、清算无偿劳役、清算转嫁负担、清算霸占吞蚀、清算人权污辱（如地主强奸和霸占农民妻女）等种种方式，使地主土地在偿还积债、交纳罚款、退还霸占、赔偿损失等合法名义下转移到农民手里和折算或卖到农民手里。此外，还有由政府发行公债购买土地之后，低价卖给农民，以及开明士绅献田等方式。对于土地的分配，一般采取以乡为单位，按人口平均分配的方法，如有特殊情况，则予以照顾。土地以外的财产，一般按先贫农后中农，先烈军属、荣退军人后一般群众，先群众后干部等原则实行分配。单身汉和正在生育的青年夫妇则多分一些。

这一时期的土地改革，到 1946 年底已取得重大成果。各解放区都有约 2/3 的地方解决了土地问题，实现了耕者有其田。晋冀鲁豫解放区有 1000 万人，晋绥解放区有 100 万人，山东解放区有 1500 万人，苏皖解放区有 1500 万人，晋察冀解放区的察哈尔有怀来等 25 个县共 45 万人获得了土地。东北解放区的贫苦农民共获得土地 2600 万亩，平均每人获得土地 6～7 亩。

土地改革的开展，使广大农民从封建土地关系的桎梏中解放出来，大大调动了农民的生产积极性，促进了农村生产的发展。如太行区，1946 年就实现了

"耕三余一"。农民的经济地位迅速提高，阶级结构发生了较大的变化。据晋冀鲁豫解放区太岳区长子县6个村的典型调查，土地改革后，富裕中农由37户增至55户，增加了49%；中农由464户增至950户，增加了105%；贫农由638户减到389户，减少了39%；赤贫由189户减至7户，减少了96%。农村经济的发展，农民生活的改善，有力地为自卫战争提供了可靠的物质基础。农村阶级结构的变动，表明土地改革的初步开展，已摧毁了农村中几千年的封建土地制度，新民主主义生产关系开始在解放区形成。中国的一部分乡村开始发生巨变。

土地改革极大地改变了农民的面貌。农民在经济上实现了大解放，生活普遍得到改善，政治觉悟迅速提高，广大农民的精神面貌焕然一新，他们以极大的热情踊跃参军，支援前线，保卫来之不易的胜利果实。山西潞城县张庄的一首诗，反映了农民的这种精神面貌。诗中写道：

参军打仗喜洋洋，

谷子发芽上前方，

我为人民扛起枪，

保卫土地保家乡，

报名参军最荣光。

从1946年7月至9月，解放区已有30万农民参军，300万～400万人参加了民兵和游击队，使解放军

获得了最深厚的力量源泉。翻身农民，以一当十，从
内战爆发到 1946 年底的前 7 个月作战中，平均每个月
歼敌 8 个旅。到 1947 年 2 月，战争形势发生了有利于
人民方面的转化，特别是到 1947 年夏，人民军队由防
御转入进攻。这种军事形势的有利变化，促进了平分
土地运动的到来。

 ### 《中国土地法大纲》

"五四指示"发布以后，解放区的土地改革取得了
重要成果，但由于"五四指示"作为一份过渡时期的
历史文献，其本身存在着局限性，使得土改工作进行
得不彻底，加之约有 1/3 的地区尚未着手进行土地改
革，这种状况已远不能适应日新月异的革命形势。尤
其到 1947 年夏，中国革命战争发生了历史性的转折。
人民解放战争由战略防御转为战略反攻，全国革命高
潮即将到来。为了总结前一段时间土地改革的经验教
训，加快土改工作的步伐，彻底解决农民的土地问题，
1947 年 7 月 17 日至 9 月 13 日，中共中央工作委员会
在刘少奇主持下，在河北省平山县西柏坡村召开了全
国土地工作会议。会议决定普遍实行平分土地政策，
并制定了《中国土地法大纲》（以下简称《大纲》）。
1947 年 10 月 10 日，中共中央发布了《中国人民解放
军宣言》，提出"打倒蒋介石，解放全中国"的口号，
宣布废除封建剥削制度，实行耕者有其田制度，并于
同日公布了《大纲》及《中共中央关于公布〈中国土

地法大纲〉的决议》。《大纲》的公布，标志着解放战争时期的土地改革运动发展到一个新阶段——平分土地阶段。

《大纲》以斩钉截铁的语言，宣布了封建土地制度的死刑：

第一条，废除封建性及半封建性剥削的土地制度，实行耕者有其田的土地制度。

第二条，废除一切地主的土地所有权。

第三条，废除一切祠堂、庙宇、寺院、学校、机关及团体的土地所有权。

第四条，废除乡村中在土地制度改革以前的一切债务。

这表明，中国共产党此时所要实行的是全面、干净、彻底地消灭农村的封建制度，土地必须"回老家"——为耕种的农民所有。

关于分配方式，《大纲》在第六条和第八条作了明确的规定：

第六条，乡村中一切地主的土地及公地，由乡村农会接收，连同乡村中其他一切土地，按乡村全部人口，不分男女老幼，统一平均分配。在土地数量上抽多补少，质量上抽肥补瘦。使全乡村人民均获得同等的土地，并归个人所有。

第八条，乡村农会接收地主的牲畜、农具、房屋、粮食及其他财产，并征收富农的上述财产的多余部分，分给缺乏这些财产的农民及其他贫民，并分给地主同样的一份。分给个人的财产归本人所有，使全乡村人民均获得适当的生产资料及生活资料。

《大纲》还规定：土改的执行机关，是"乡村农民大会及其选出的委员会"；"保护工商业者的财产及其合法的营业，不受侵犯"；组织人民法庭，以保障土改的实施。

《大纲》是发动农民自己解放自己的彻底反封建的土地纲领，是亿万农民翻身解放的宣言书，是照亮国统区农民通向解放的灯塔。它表明代表人民大众利益的中国共产党和代表大地主大资产阶级利益的国民党绝无和解的可能，把人民战争的主要目标从保卫解放区转移到在全国范围内打倒地主和买办阶级，促使了蒋军大批地向人民解放军投诚，推动了国统区农民的反抗斗争，鼓舞了国民党后方都市中工人、学生、商人和职员的示威运动。但《大纲》中彻底平分土地的原则，则反映了对农民平均主义的迁就，滋长了土改中"左"的偏向。

全国土地会议以后，各解放区在中国共产党领导下，在《大纲》的指引下，自1947年冬开始，掀起了平分土地运动的高潮。各解放区派遣大批工作队深入农村，访贫问苦，宣传《大纲》。《大纲》在广大农村很快家喻户晓，妇孺皆知，"平分土地！""打到南京去，活捉蒋介石！"的口号在解放区的大地回响。在工作队的帮助下，各乡村建立了一个由绝大多数贫农和中农所组成，并由通过民主选举产生的干部担任领导的巩固的农会；建立了一个由选举产生的代表社会各阶层的村代表大会及其委任的村干部（如村长、文书、民兵队长、治安主任和民政主任）组成的村公所。在这些组织建立后，采取"自报公议"的办法划分阶级成分。划分阶级成分一般经过三个步骤：先由贫农团全体人员划分全村人口的阶级成分，然后由农会的全体成员再划一次全村人口的阶级成分，最后由村人民代表大会对全村人口的阶级成分作第三次即最后一次划分。在划分阶级成分以后，依据《大纲》的有关原则，结合本地实际情况平均分配土地。各地平分土地，多以村为单位，按人口平均分配，具体做法不一。有的地方采取"打烂平分"的办法，即重新丈量土地，评级，按人口平分；有的地方在原耕基础上，实行抽多补少、抽肥补瘦、抽近补远的抽补调剂办法；有的地方采取中间不动两头平的方针。

平分土地运动从 1947 年 11 月起，到 1948 年春基本结束。这次运动的特点是全党全民动手，行动快，声势大，范围广，许多地方 75%～85% 的农民参加了运动，因此消灭封建土地制度更为普遍彻底，90% 以上的地区实现了大体平分土地。

随着平分土地运动的高涨，绝对平均主义思想开始泛滥，导致运动中出现了严重扩大打击面的"左"倾错误。这些错误主要表现为：错误地把许多没有剥削或者只有轻微剥削的劳动人民划到地主富农的圈子里；对地主富农家庭滥用暴力，采取"扫地出门"的没收办法，片面强调挖地财；严重侵犯工商业，特别是地主富农的工商业。

面对土改中存在的"左"倾错误，中共中央及时发出指示进行纠正。1947年11月29日，中共中央发出《关于重发〈怎样分析农村阶级〉等两个文件的指示》；1948年1月12日，任弼时作了《土地改革中几个问题的报告》，指出了土改中"左"倾错误的主要表现及其产生原因，提出了纠正错误的原则及方法；1月18日，中共中央公布了《关于目前党的政策中的几个重要问题》的文件，规定了进行土改的具体政策；4月1日，毛泽东发表《在晋绥干部会议上的讲话》，提出了土地改革的总路线是"依靠贫农，团结中农，有步骤地、有分别地消灭封建剥削制度，发展农业生产"。在这篇讲话中，毛泽东强调："发展农业生产，是土地改革的直接目的。只有消灭封建制度，才能取得发展农业生产的条件，在任何地区，一经消灭了封建制度，完成了土地改革任务，党和民主政府就必须立即提出恢复和发展农业生产的任务，将农村中的一切可能的力量转移到恢复和发展农业生产的方面去，组织合作互助，改良农业技术，提倡选种，兴办水利，务使增产成为可能……消灭封建制度，发展农业生产，就给发展工业生产，变农业国为工业国的任务奠定了基础，这就是新民主主义革命的最后目的。"

不是抽象的公正，不是绝对的平等，而是发展生产和实现国家的工业化，这才是革命的目标，因为只有这样才能解决生活中的实际问题。

经过中国共产党这一系列纠偏举措，到1948年春，各地结合春种，调剂土地，使"左"倾错误逐步得到纠正。从1948年6月到8月，东北、华北、华东、西北等老解放区行政委员会，分别发出颁发土地所有证的指示，明确指出各老区的大多数土地改革业已完成，为保障个人土地所有权，特颁发土地所有证。老区、半老区土地改革至此基本胜利结束。

4 "天翻地覆慨而慷"

在老区、半老区轰轰烈烈地开展土地平分运动的同时，随着人民解放军的战略大反攻，大片地区从国民党的统治下解放出来。为了领导新解放区的土地改革有步骤、有秩序、有分别地进行，中共中央先后在1948年2月和7月发表了《新解放区土地改革要点》和《关于南方各游击区暂不实行土改的指示》。这两个文件的基本精神都是强调新区土改要分阶段、分地区、有步骤、有分别地进行，不要性急，而应准备在两三年内完成全面的土地改革。

根据中共中央的指示精神，各新区依据本地实际情况实行了不同政策。在被人民解放军基本控制的地区，实行减租减息，如中原、西北、华南等新区中的基本控制区，自1948年秋天开始从反匪、反霸、争取合理负担入手逐步转向减租减息；对于游击区和刚刚解放的地区，首先进行清匪、反霸、争取合理负担的斗争，逐步发动群众，为实行减租减息创造条件；对于社会已安定、基本群众的大多数已经有了分配土地的要求、党的干部在数量和质量上能掌握当地土改工作的新区，则实行土地改革，如东北、华北的部分新区以及晋中、晋南等地，除平津郊区外，这些地区的土地改革从1948年冬和1949年1月开始，到1949年3月基本结束。

新区的土地改革由于加强了领导，认真吸取了老区土改中"左"的教训，贯彻了中共中央的各项政策，因此进展快，成效大。东北新区土改后，每人得地3～5亩，华北新区人均约3亩。但由于时间紧，新区环境比较混乱，各种反动势力残余的破坏，群众的政治觉悟相对较低，群众发动不够充分，有的地区在土改中出现了右的偏向，土地改革进行得不彻底。这些问题，在中共中央的领导下，也迅速得到解决。

解放战争时期土地改革的顺利完成，是近代中国社会最深刻最广泛的一次社会变革。它意味着中国农村出现了几千年以来前所未有的翻天覆地的变化，标志着旧的社会基础的坍塌，具有极其重要的历史意义。

解放战争时期土地改革的完成，使占全国农业人口1/3的地区废除了封建土地制度，1/3的中国农民彻底摆脱了封建统治和剥削。广大农民不仅政治上获得解放，而且经济上也真正翻身。农村中的中农人数由土改前的20%，上升为70%～80%。工农联盟进一步加强，解放区的民主政权更加巩固。亿万获得新生的农民，一面加紧生产，增加收入，一面踊跃报名，参军支前，他们喊出了"支援大反攻，参加胜利军，打倒蒋介石，拔掉老祸根"的口号。解放战争期间，华北解放区有近百万农民参军，东北解放区参军人数达160万。1947年春到1948年底，西北地区共动员了3500万个工作日，平均每人20个以上；冀中地区发动了480万人支援前线。在三大战役中，农民支前运动更是达到高潮。据不完全统计，在辽沈战役中，有160万民工支援前线；在平津战役中，有154万民工支援前线；淮海战役中，规模更大，共有225万民工支援前线。广大农民浩浩荡荡地推着满载粮食、军需供应品、慰劳品的小车，从四面八方潮水一般涌向前方。在淮海战役中目睹了这一历史壮观的华东野战军司令员陈毅深情地说："淮海战役的胜利，是人民群众用小车推出来的。"广大人民的大力支持，是解放战争胜利前进的根本保证。土地改革的胜利，使解放战争获得了战胜一切敌人的最基本的条件，诚如后来毛泽东所言："我们已经在北方约有一亿六千万人口的地区完成了土地改革，要肯定这个伟大的成绩。我们的解放战争，主要就是这一亿六千万人民打胜的。有了土地改革这个胜利，才有了打倒蒋介石的胜利。"

"解放区的天，是明朗的天……"这个崭新的世界对仍处于封建剥削和在国民党政权苛捐杂税的盘剥下陷于破产深渊的亿万国统区农民来说，无疑具有极大的吸引力。新旧两个世界的对比，使得国统区农民自发地倒向共产党，广大农民迫不及待地拿起镰刀、斧头，反征兵，反征买，反征借。1948年卷入这场斗争的有17个省的100万农民，他们向国民党政权所代表的旧世界，发起了最猛烈的冲击，加速了国民党政权的灭亡。从根本上说，国民党在大陆的政权是被亿万农民所埋葬的，1949 年初美国记者杰尼·贝尔登在《中国震撼世界》一书中写道："蒋介石是被激情，而且主要是被激情搞垮的。中国农民投入战争与革命的热切的希望和刻骨的仇恨，化成了巨大的激情的能量，像在中国社会中爆发一颗原子弹似的，几乎把中国炸得粉碎。"

早在 1936 年，毛泽东在延安会见美国作家斯诺时就讲过："谁赢得了农民，谁就会赢得中国；谁解决土地问题，谁就会赢得农民。"中国共产党正是解决了近代中国自洪秀全至孙中山等先进的中国人想解决却又未能解决的土地问题，最终赢得了农民的支持。亿万农民吃水不忘挖井人，翻身不忘共产党，全力以赴地支持共产党，使中国共产党终于赢得了人民解放战争的胜利。

1949 年 4 月 23 日，人民解放军百万大军渡过长江，乘胜追击，解放了国民党政权的统治中心——南京。代表大地主大资产阶级利益的国民党政权在大陆寿终正寝了。蒋介石的金陵春梦自此拉下了最后的帷幕。

捷报传至北平，毛泽东，这位农民运动之"王"、现代农民战争的统帅，感慨万千，欣然挥毫，写下了这首千古绝唱：

钟山风雨起苍黄，

百万雄师过大江。

虎踞龙盘今胜昔，

天翻地覆慨而慷。

宜将剩勇追穷寇，

不可沽名学霸王。

天若有情天亦老，

人间正道是沧桑。

于是，人民解放军挥师千里，南进西征，江南的富庶之地，西南、西北的偏僻之乡，一座一座城市，一个一个乡村，都插上了红旗，蒋介石龟缩到弹丸之地的海岛上。中国大陆的所有农民都从帝国主义、封建主义、官僚资本主义三座大山下解放了出来，成为新社会的主人。新近解放的农民，开始建立贫农团，划定成分，清算地主，逐步走上老解放区的兄弟们所开拓的道路——翻身的康庄大道。

1949 年 10 月 1 日下午 3 时，伴随着雄壮的《义勇军进行曲》，在轰鸣的 28 响礼炮声中，毛泽东站在天安门城楼上按动电钮，第一面五星红旗冉冉升起。毛泽东用他那浓厚的湘音向全世界庄严宣告：中华人民共和国中央人民政府已于本日成立了！

中国人民从此站立起来了！亿万农民从此站立起来了！这是近代中国最伟大的社会变革，这是中国历史上前所未有的巨变！

然而，翻身解放对于亿万农民来说，只是走完了万里长征的第一步，走向共同富裕，才是中国农民的最终的历史目标。在中国共产党的带领下，中国农民又踏上了新的历史征程！

中国近代农民运动的历史向人们雄辩地证明：中国农民是近代民主革命的基本力量，是反帝反封建的主力军，是近代中国社会变革的主体！

中国的现实和未来也即将证明：中国农民也是中国现代化建设的主力军。在中国，只有广大农民积极投身于现代化的历史激流中去，中国的现代化才会成功；也只有广大农村和亿万农民走上现代化道路，中国现代化的目标才能最终实现！

参考书目

1. 茅家琦主编《太平天国通史》（上、中、下），南京大学出版社，1991。

2. 龙盛运主编《清代全史》第7册，辽宁人民出版社，1993。

3. 顾长声著《传教士与近代中国》，上海人民出版社，1981。

4. 陈旭麓著《近代中国社会的新陈代谢》，上海人民出版社，1992。

5. 杜春和编《白朗起义》，中国社会科学出版社，1980。

6. 郭德宏著《中国近现代农民土地问题研究》，青岛出版社，1993。

7. 成汉昌著《中国土地制度与土地改革》，中国档案出版社，1994。

8. 中共浙江省党史资料征集研究委员会、中共萧山县委党史资料征集研究委员会编《衙前农民运动》，中共党史资料出版社，1987。

9. 蔡洛等著《彭湃传》，人民出版社，1986。

10. 郑德荣、朱阳主编《中国革命史长编》（上卷），吉林人民出版社，1991。

《中国史话》总目录

系列名	序号	书 名	作 者	
物化历史系列（28种）	30	石器史话	李宗山	
	31	石刻史话	赵 超	
	32	古玉史话	卢兆荫	
	33	青铜器史话	曹淑芹	殷玮璋
	34	简牍史话	王子今	赵宠亮
	35	陶瓷史话	谢端琚	马文宽
	36	玻璃器史话	安家瑶	
	37	家具史话	李宗山	
	38	文房四宝史话	李雪梅	安久亮
制度、名物与史事沿革系列（20种）	39	中国早期国家史话	王 和	
	40	中华民族史话	陈琳国	陈 群
	41	官制史话	谢保成	
	42	宰相史话	刘晖春	
	43	监察史话	王 正	
	44	科举史话	李尚英	
	45	状元史话	宋元强	
	46	学校史话	樊克政	
	47	书院史话	樊克政	
	48	赋役制度史话	徐东升	
	49	军制史话	刘昭祥	王晓卫
	50	兵器史话	杨 毅	杨 泓
	51	名战史话	黄朴民	
	52	屯田史话	张印栋	
	53	商业史话	吴 慧	
	54	货币史话	刘精诚	李祖德
	55	宫廷政治史话	任士英	
	56	变法史话	王子今	
	57	和亲史话	宋 超	
	58	海疆开发史话	安 京	

系列名	序号	书名	作者
交通与交流系列（13种）	59	丝绸之路史话	孟凡人
	60	海上丝路史话	杜 瑜
	61	漕运史话	江太新　苏金玉
	62	驿道史话	王子今
	63	旅行史话	黄石林
	64	航海史话	王 杰　李宝民　王 莉
	65	交通工具史话	郑若葵
	66	中西交流史话	张国刚
	67	满汉文化交流史话	定宜庄
	68	汉藏文化交流史话	刘 忠
	69	蒙藏文化交流史话	丁守璞　杨恩洪
	70	中日文化交流史话	冯佐哲
	71	中国阿拉伯文化交流史话	宋 岘
思想学术系列（21种）	72	文明起源史话	杜金鹏　焦天龙
	73	汉字史话	郭小武
	74	天文学史话	冯 时
	75	地理学史话	杜 瑜
	76	儒家史话	孙开泰
	77	法家史话	孙开泰
	78	兵家史话	王晓卫
	79	玄学史话	张齐明
	80	道教史话	王 卡
	81	佛教史话	魏道儒
	82	中国基督教史话	王美秀
	83	民间信仰史话	侯 杰
	84	训诂学史话	周信炎
	85	帛书史话	陈松长
	86	四书五经史话	黄鸿春

系列名	序号	书　名	作　者
思想学术系列（21种）	87	史学史话	谢保成
	88	哲学史话	谷　方
	89	方志史话	卫家雄
	90	考古学史话	朱乃诚
	91	物理学史话	王　冰
	92	地图史话	朱玲玲
文学艺术系列（8种）	93	书法史话	朱守道
	94	绘画史话	李福顺
	95	诗歌史话	陶文鹏
	96	散文史话	郑永晓
	97	音韵史话	张惠英
	98	戏曲史话	王卫民
	99	小说史话	周中明　吴家荣
	100	杂技史话	崔乐泉
社会风俗系列（13种）	101	宗族史话	冯尔康　阎爱民
	102	家庭史话	张国刚
	103	婚姻史话	张　涛　项永琴
	104	礼俗史话	王贵民
	105	节俗史话	韩养民　郭兴文
	106	饮食史话	王仁湘
	107	饮茶史话	王仁湘　杨焕新
	108	饮酒史话	袁立泽
	109	服饰史话	赵连赏
	110	体育史话	崔乐泉
	111	养生史话	罗时铭
	112	收藏史话	李雪梅
	113	丧葬史话	张捷夫

系列名	序号	书名	作者	
	114	鸦片战争史话	朱谐汉	
	115	太平天国史话	张远鹏	
	116	洋务运动史话	丁贤俊	
	117	甲午战争史话	寇伟	
	118	戊戌维新运动史话	刘悦斌	
	119	义和团史话	卞修跃	
	120	辛亥革命史话	张海鹏	邓红洲
	121	五四运动史话	常丕军	
	122	北洋政府史话	潘荣	魏又行
	123	国民政府史话	郑则民	
近代政治史系列（28种）	124	十年内战史话	贾维	
	125	中华苏维埃史话	杨丽琼	刘强
	126	西安事变史话	李义彬	
	127	抗日战争史话	荣维木	
	128	陕甘宁边区政府史话	刘东社	刘全娥
	129	解放战争史话	朱宗震	汪朝光
	130	革命根据地史话	马洪武	王明生
	131	中国人民解放军史话	荣维木	
	132	宪政史话	徐辉琪	付建成
	133	工人运动史话	唐玉良	高爱娣
	134	农民运动史话	方之光	龚云
	135	青年运动史话	郭贵儒	
	136	妇女运动史话	刘红	刘光永
	137	土地改革史话	董志凯	陈廷煊
	138	买办史话	潘君祥	顾柏荣
	139	四大家族史话	江绍贞	
	140	汪伪政权史话	闻少华	
	141	伪满洲国史话	齐福霖	

系列名	序号	书名	作者
近代经济生活系列（17种）	142	人口史话	姜涛
	143	禁烟史话	王宏斌
	144	海关史话	陈霞飞　蔡渭洲
	145	铁路史话	龚云
	146	矿业史话	纪辛
	147	航运史话	张后铨
	148	邮政史话	修晓波
	149	金融史话	陈争平
	150	通货膨胀史话	郑起东
	151	外债史话	陈争平
	152	商会史话	虞和平
	153	农业改进史话	章楷
	154	民族工业发展史话	徐建生
	155	灾荒史话	刘仰东　夏明方
	156	流民史话	池子华
	157	秘密社会史话	刘才赋
	158	旗人史话	刘小萌
近代中外关系系列（13种）	159	西洋器物传入中国史话	隋元芬
	160	中外不平等条约史话	李育民
	161	开埠史话	杜语
	162	教案史话	夏春涛
	163	中英关系史话	孙庆
	164	中法关系史话	葛夫平
	165	中德关系史话	杜继东
	166	中日关系史话	王建朗
	167	中美关系史话	陶文钊
	168	中俄关系史话	薛衔天
	169	中苏关系史话	黄纪莲
	170	华侨史话	陈民　任贵祥
	171	华工史话	董丛林

系列名	序号	书 名	作 者
近代精神文化系列（18种）	172	政治思想史话	朱志敏
	173	伦理道德史话	马 勇
	174	启蒙思潮史话	彭平一
	175	三民主义史话	贺 渊
	176	社会主义思潮史话	张 武　张艳国　喻承久
	177	无政府主义思潮史话	汤庭芬
	178	教育史话	朱从兵
	179	大学史话	金以林
	180	留学史话	刘志强　张学继
	181	法制史话	李 力
	182	报刊史话	李仲明
	183	出版史话	刘俐娜
	184	科学技术史话	姜 超
	185	翻译史话	王晓丹
	186	美术史话	龚产兴
	187	音乐史话	梁茂春
	188	电影史话	孙立峰
	189	话剧史话	梁淑安
近代区域文化系列（11种）	190	北京史话	果鸿孝
	191	上海史话	马学强　宋钻友
	192	天津史话	罗澍伟
	193	广州史话	张 苹　张 磊
	194	武汉史话	皮明庥　郑自来
	195	重庆史话	隗瀛涛　沈松平
	196	新疆史话	王建民
	197	西藏史话	徐志民
	198	香港史话	刘蜀永
	199	澳门史话	邓开颂　陆晓敏　杨仁飞
	200	台湾史话	程朝云

《中国史话》主要编辑
出版发行人

总 策 划	谢寿光	王　正	
执行策划	杨　群	徐思彦	宋月华
	梁艳玲	刘晖春	张国春
统　　筹	黄　丹	宋淑洁	
设计总监	孙元明		
市场推广	蔡继辉	刘德顺	李丽丽
责任印制	岳　阳		